Para mi amiga

[handwritten signature]

9/21/19

IDEAS
[CLARAS]²

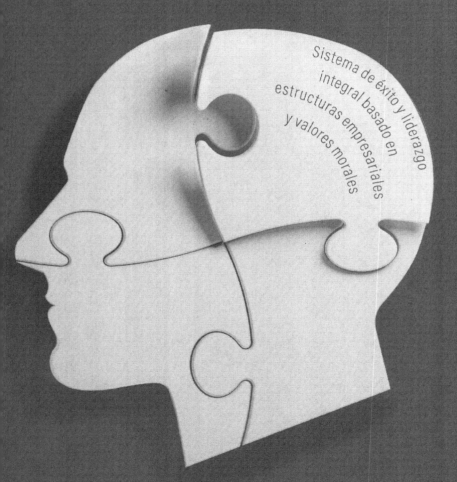

Sistema de éxito y liderazgo integral basado en estructuras empresariales y valores morales

JONATHAN D'OLEO PUIG

IDEAS (CLARAS)²

6 PARES DE CONCEPTOS PARA DARLE DIRECCIÓN Y PROPÓSITO A TUS PROYECTOS

CONCRETO
CREATIVO

LOABLE
LOGRABLE

ACCIONABLE
ASOCIABLE

RENTABLE
REPRODUCIBLE

ACTUAL
ATEMPORAL

SISTEMATICIDAD
SHABBAT

/jonathandeoleopuig   @JonathanJDOleo   @jonathandoleopuig

IDEAS (CLARAS)²

Sistema de éxito y liderazgo integral

basado en estructuras empresariales y

valores morales

Publicado por D'Oleo Analytica LLC
Cuarta reimpresión
ISBN 978-168454663-3
Impreso por Editorial Renuevo
Fresno, CA, EEUU

Este libro lo dedico a mi primogénita

OLIVIA HADASSA

Con todo el amor paternal
que un mortal puede expresar.

He aquí herencia de Jehová son los hijos. Cosa de estima el fruto del vientre. Como saetas en manos del valiente, así son los hijos tenidos en la juventud.

Salmos 127: 3-4

Contenido

Introducción:

De la extracción a la creación

Hace poco alguien me preguntó en un programa de televisión "¿qué es propiamente la economía de la información?" Por los límites de tiempo propios de ese medio, mi repuesta fue sencilla y sucinta. "La economía de la información es, nada más y nada menos, un sistema donde el que más prospera y avanza es el que se desenvuelve con el conocimiento como punta de lanza". Si bien esa respuesta describe, en cierto modo, una faceta del sistema, es preciso profundizar y contextualizar en torno a lo que significa progresar con el conocimiento como fundamento para el éxito integral y equilibrado.

En su libro "La riqueza de las naciones" Adam Smith argumenta que a diferencia de lo que opinaban los mercantilistas de su época, la riqueza de un país no se encuentra en sus reservas de oro, ni de diamante, ni en sus dotaciones de otros recursos naturales. La verdadera fortuna de un país, argumenta Smith, se encuentra en su capacidad de producir. Eso es de transformar materias primas en productos con valor agregado. Tal noción del origen de la riqueza emparejada con los conceptos de la mano invisible y la especialización en el uso de los factores de producción marcaron un antes y un después en el modo de ver el mundo.

A pesar de haber sido articulado en el siglo XVIII este razonamiento del economista escocés se relaciona íntimamente con la esencia de la economía de la información que prepondera en la actualidad, particularmente en lo que atañe al origen del valor. Así como Smith determinó que el origen de la riqueza es la capacidad de producción, la capacidad de producción, a su vez, la determina, en gran medida, la información sobre la cual el productor tiene maestría. Dicho de otra forma, la transformación de materia prima en producto acabado con valor agregado demanda la preexistencia de información en la mente del ente que agrega valor. O sea que para agregar valor primero hay que tener un depósito de valor.

Con depósitos de valores tangibles e intangibles en nuestro haber podemos combinar las materias primas de acuerdo al diseño y el proceso desarrollado a partir de cierta información sobre cómo transformar lo bueno en algo mejor. ¿Cómo así transformar lo bueno en algo mejor? Bueno, consideremos los colores. Todos y cada uno de ellos son buenos. Mas cuando son combinados y aplicados con la maestría y técnica de una mano prodigiosa como la de Rembrandt o Pablo Picasso se constituyen, indudablemente, en algo mejor de lo que eran en su estado primario. Algo similar sucede con la cebolla, el ajo, el limón, la sal y el orégano. Cada uno de estos ingredientes son buenos en su individualidad. Sin embargo, cuando se combinan de acuerdo a las instrucciones de la receta secreta de la abuela se convierten en una salsa cuyo sabor y valor trascienden la suma de las utilidades individuales de cada uno de los ingredientes que la componen.

En lo que respecta específicamente a la economía de la información, la combinación sucede primordialmente con ideas extrapoladas de una diversidad de disciplinas y concatenadas con el fin de producir conocimiento sobre cómo solucionar problemas a través de la aplicación de la ciencia. De hecho, de eso se trata, entre otras cosas, IDEAS CLARAS[2]: de dotar al profesional, al empresario, al líder y al emprendedor con una infraestructura conceptual que le permita procesar datos, transformarlos en información y, a partir de ella, tomar decisiones que optimicen y equilibren su desempeño ahora y a través del trayecto en el desarrollo de sus proyectos.

Los que crean progresan

A diferencia de lo que se podría llamar la economía de la extracción, la economía de la información se construye sobre la base de la creación. La de la extracción, por su parte, así como lo sugiere su nombre, se desarrolla a costas de extraer una riqueza preexistente con el fin de comercializarla sin transformarla en productos y servicios de valor agregado.

En su libro "Por qué fracasan los países" los economistas Daron Acemoglu y James Robinson cuentan cómo los españoles y los portugueses conquistaron los que podrían ser considerados como los territorios más codiciados del continente americano. Entiéndase México, el Caribe, Centro y Suramérica. Los ingleses, franceses, alemanes y holandeses, en cambio, comenzaron a asentarse en lo que hoy conocemos como Nueva Inglaterra en la costa este de los Estados Unidos. En comparación con las zonas del continente que estaban bajo el dominio de los ibéricos, en Nueva Inglaterra no había mucha riqueza para extraer. Además de esto, las condiciones del tiempo durante el invierno exacerbaban la dificultad de desenvolvimiento de esos primeros asentamientos. Sin embargo, aquellos europeos que allí se establecieron hicieron de tripas corazón y, como en aquella tierra no había riqueza para extraer, comenzaron a emprender. Es decir, a crear riqueza a través del trabajo duro y la aplicación de su inteligencia. Así inició el desarrollo de un sistema inclusivo de generación de riqueza en esa parte del continente que hoy conocemos como Canadá y Estados Unidos de Norteamérica.

¿Es perfecto ese sistema? De ninguna manera. A través de la historia vemos cómo no se ha honrado la esencia de la estructura democrática de libre empresa y, consecuentemente, en varias instancias se han abusado y excluido a miembros de ciertos segmentos de la población, especialmente de la demografía nativa y afro-americana. No obstante, es imperioso reconocer que los cimientos de la mencionada estructura han probado ser los más idóneos y confiables para la construcción de sociedades prósperas e incluyentes donde el que quiere progresar puede hacerlo independientemente de su creencia, apariencia y/o procedencia.

A diferencia del sistema extractivo que se instauró en los territorios americanos conquistados por los reinos de Castilla y Aragón, el creativo que predominó en las demarcaciones tomadas por Inglaterra y demás países de Europa continental se caracterizó por el establecimiento de instituciones sólidas cuyo objetivo primordial era y sigue siendo fomentar el crecimiento. De estas demarcaciones es preciso exceptuar a Jamaica y Haití, países que, a pesar de haber sido conquistados por Francia e Inglaterra, al día de hoy siguen siendo países sub-desarrollados no por haber abrazado el sistema de creación, sino por haberlo rechazado y, en cambio, haber practicado la extracción y la corrupción, comprometiendo así el desarrollo de su demarcación.

Ahora, ¿no fomenta el sistema extractivo el crecimiento de sus estructuras económicas? Desde luego que sí, pero

lo hace en pro de un grupo selecto; selecto no necesariamente por mérito, sino por privilegios y parentescos con
aquellos que ocupan u ocuparon oficinas de poder para
extraer riquezas preexistentes. Tradicionalmente este grupo crece y se establece por medio de la explotación de una
masa con poca educación a la cual amedrentan con facili-
dad y manipulan con irrisorios pedazos de pan.

Por su parte, el sistema creativo no se vale primordialmente de riquezas preexistentes. Por el contrario, se desarrolla sobre las ruedas del conocimiento que trae emparejado consigo el desarrollo de nuevos emprendimientos de
alto valor agregado y con mayor estabilidad y márgenes de
ganancia en los mercados; mayor que los que tienen los
commodities de los cuales viven gran parte de los ciudadanos de países cuyos sistemas son eminentemente extrac-
tivos. Dichos commodities, cabe señalar, no son otra cosa
que productos primarios con una baja elasticidad de la demanda e incapaces, por sí solos, de causar un efecto multi-
plicador que ocasione, a su vez, un proceso de crecimiento
hacia el desarrollo balanceado y sostenible en el largo plazo.

Dicho esto, no me cabe la menor duda que el deseo
de la mayoría de los actores de economías emergentes es
que el sistema que predomine en nuestros países sea uno
de creación y no uno de extracción. ¿Qué necesitamos para
ello? Nada más y nada menos que un cambio de enfoque;
de lo personal a lo colectivo: del cortoplacismo al largo-
placismo; de la cantidad a la calidad; de la apariencia a la
esencia; de lo tangible (riqueza física) a lo intangible (conocimiento); de la partidocracia a la institucionalidad democrática; de lo terrenal a lo trascendental; del liderazgo
clientelar a uno capaz, ético y moral.

Con un cambio irreversible de enfoque en el predicho
orden sentaríamos las bases para el establecimiento de un

sistema creativo que redundaría en un mejor futuro para nuestros hijos. En cambio, si nos estancamos en el enfoque actual tanto nuestro potencial creativo como nuestro sistema político-democrático se atrofiará y las generaciones futuras por ello nos condenarán.

El sistema CLARAS^2 que presentaremos más adelante en este libro se desarrolla a partir del andamiaje general que comprende una economía creativa. Por eso consideré importante iniciar este libro explicando de manera general lo que constituye una dinámica creativa y cómo esta se diferencia de la estructura extractiva que al día de hoy tienen a muchas economías y, por consiguiente, a los individuos que las componen operando muy por debajo de su potencial de generación de riquezas.

En la próxima sección, a manera de introducción, compartiré la visión general que subyace en la creación de la metodología CLARAS^2. De buenas a primeras, el capítulo que sigue puede parecer un poco extenso. Sin embargo, como el mismo constituye, en esencia, el fundamento filosófico de todo el libro, decidí no escatimar en profundizar lo suficiente como para darle al lector una base de calidad sobre la cual pueda aplicar los conceptos que articularemos a través de la metodología.

Visualiza tu mente como una casa cuyas paredes van a ser pintadas. Antes de aplicar la pintura, la pared debe ser tratada con una base que creará las condiciones para la asimilación efectiva de la pintura en la superficie de la pared. El capítulo que sigue es la base y el resto del libro la pintura. Pasemos, entonces, a aplicar la base en las paredes de tu mente; allí donde tienes el poder de transformar lo meramente bueno en algo realmente excelente.

Visión general

DESARROLLO INTEGRAL PODER LOGRAR PARA EL

Definiendo los fines y los medios con el fin de superar el promedio, vencer con la verdad el miedo y honrar con nuestra vida al Padre nuestro que está en los cielos.

Todos anhelamos el éxito en cada uno de los aspectos del espectro existencial. En lo familiar, lo empresarial, lo físico y lo espiritual, el deseo de alcanzar un mejor nivel de desempeño que el actual late en todos y cada uno de nuestros pechos a medida que nos desenvolvemos, desde la cuna hasta el lecho final de nuestra vida terrenal. Por tanto, el deseo de progresar está latente en todo ser viviente. Lo que diferencia a unos de otros es la disciplina para mejorar el ser y, a partir de ello, aumentar la capacidad de emprender y de poseer. Esto con el objeto principal de servir y trascender.

Considera por un momento los libros en tu librero que aún no has leído. Quizás son libros de contenido excelente, fundamentales para tu desarrollo y enriquecimiento intelectual, empresarial y/o espiritual. A pesar de que tales libros son propiedad tuya, el contenido de los mismos no te pertenece hasta que lo leas, comprendas e implementes efectivamente. En otras palabras, los libros sin leer que tienes en tu haber son posesiones de presencia decorativa esperando ser poseídas en esencia y aprovechadas con inteligencia en la materialización de tu potencial de excelencia. De igual manera, todos tenemos metas que queremos alcanzar. Sin embargo, muchas veces las tenemos como aquellos libros de poderoso contenido sin ser consumido, yaciendo en una esquina cogiendo polvo. Así, en ocasiones, parecen estar nuestras metas. Ocupando una porción insignificante de nuestro espacio cotidiano. Escritas en la libreta del año pasado o del antepasado cuando estabas entusiasmado por el porvenir y buscando una mejor manera de vivir.

Quizás nunca has escrito tus metas, pero están guardadas en la carpeta inconsciente que aposentas en tu cabeza o latentes en el corazón que desea cantar la canción que emana de tu vocación. Allí, en tu mente y en lo blando que oculta tu pecho bravo, están aquellas metas como mudo testimonio de potencialidades inertes que son cual lumbreras apagadas. O prendidas tal vez, pero escondidas debajo de la cama.

Sabemos que la luz fue hecha para brillar y desde lugares altos a otros alumbrar. De modo que hoy enciende tu luz si está apagada, sácala a la luz si está escondida debajo del almud y ponla a operar en toda su plenitud desde la máxima altitud. Desde allí podrás iluminar al mundo con tu brillo singular; manteniendo la humildad; sabiendo que eres meramente un canal y no la fuente original de la Luz pura y perfecta que te impulsa a lograr algo de carácter trascendental.

Es muy probable que el conocimiento plasmado en los libros que aun no has leído contienen destellos de esa Luz. Mas, es preciso que abras los libros, asimiles su contenido, lo fusiones con tu potencial creativo y apliques el conocimiento adquirido para realizar los emprendimientos que por tanto tiempo has querido desarrollar, ampliar y mejorar. Mientras las fuentes de verdad permanezcan cerradas y de tu vista y vida enajenadas, nunca serán tuyas aunque las tengas físicamente en tu poder, almacenadas en una biblioteca empolvada y abandonada. Cabe señalar que las fuentes de verdad van más allá de los pliegos compaginados en un libro. Se encuentran también en la conversación con un amigo, en la ayuda que le brindas al vecino, la canción que te cantaba tu madre cuando eras niño y en el trino de un ave que emprende vuelo en busca de paja para hacerle a sus hijitos un nido.

> **Mientras las fuentes de verdad permanezcan cerradas y de tu vista y de tu vida enajenadas, nunca serán tuyas aunque las tengas físicamente en tu poder.**

Si bien las fuentes de verdad están en varias partes, tu vocación no madurará en cualquier parte como por arte de magia. Tienes que proceder con sentido de dirección e intención, enfocando tu mente y corazón en aquella cosa sobre lo cual tienes maestría y que, por tanto, constituye el propósito de tu vida. En ese proceso debes tener objetivos definidos y entretejidos en un programa de desarrollo integral que materialice tu potencial. Desprovisto de ese programa es difícil establecer, perseguir y obtener aquello que se casa con la esencia de tu ser. Pues las metas que no emparejas con un plan de acción para su realización son meras quimeras, tierras baldías, castillos de arena. Son sueños de incalculable valor que se desvanecen cual flor que muere antes de ver el sol. Flor que quizás prefiere morir a nacer por miedo al dolor que conlleva nacer y crecer para después morir y dejar de ser. Si por alguna razón piensas así considera lo que decían los mayas. Que "nacer es un dolor que la vida compensa". Mejor aún, ponle atención a aquel que dijo y demostró ser "la resurrección y la vida" y, creyendo en Él, aunque estés muerto, vivirás otra vez. De hecho, es precisamente por no creer, pensar y aprender sobre cómo transformar lo que es en lo que podría ser que no le damos calor a nuestras metas. Simplemente porque empleamos nuestra diligencia en función de la agenda que establecen las diferentes circunstancias societarias, etarias, pecuniarias, geográficas, idiomáticas, familiares y/o culturales que nos afectan.

Por ende, es preciso que superemos tales circunstancias. ¿Cómo lo hacemos? Pensando, actuando e investigando en función de hacia dónde queremos llegar. ¿Eso quiere decir que debemos desestimar nuestro estado actual? De ninguna manera. Pues si no sabemos dónde estamos parados es imposible avanzar hacia donde queremos llegar.

Digamos que quieres ir a Australia. Para llegar ahí primero tienes que determinar dónde te encuentras. Si estás en Japón tendrías que dirigirte en dirección Sur para llegar allí. En cambio si te encuentras en Chile la ruta más corta a tomar sería en dirección Oeste a través del Océano Pacífico.

¿Hacia dónde quieres ir en tu vida, en tu profesión, en tu familia? ¿Dónde te encuentras? ¿En qué dirección debes avanzar? ¿Qué vehículo necesitas para llegar a tu destino de conexión o destino final? ¿Tienes el vehículo en tu poder? ¿Dónde o con quién lo puedes obtener? ¿Sabes conducirlo? ¿Mantenerlo? ¿Mejorarlo?

Albert Einstein dijo en una ocasión que "no podemos resolver los problemas con la misma mentalidad que teníamos cuando creamos tales problemas". En otras palabras, es imposible trascender una realidad circunstancial pensando y priorizando en función de esa realidad. Superarla requiere de una visión de futuro que visualice posibilidades más allá del actual estado de cosas. Requiere de un liderazgo que trace pautas y ejecute la visión de manera sistemática, orgánica y programática. Siempre buscando mejorar el nivel de desempeño actual, teniendo como referencia un estándar de excelencia anclado en la trascendencia.

Comparemos esa receta de crecimiento a la realidad de la cotidianidad que viven la mayoría de los miembros de la sociedad actual. Realidad donde el individuo se deja abrumar por lo urgente a expensas de lo importante, moviéndose de reunión en reunión, dándole cabeza a tal o cual situación sin considerar su propósito y su vocación. De tal manera, el ser humano se cohíbe de forjar y gestionar una visión de vida de carácter integral y trascendental.

Romper con ese patrón requiere de intención. Para encaminar la dinámica existencial más allá de lo efímero y lo material, el ser humano debe adoptar una actitud y lograr una aptitud de tomar posesión de lo que ya le pertenece según el diseño de su condición como corona de la creación y los talentos especiales que le otorgó Dios para el desarrollo de una misión y la materialización de una visión.

A medida que emprendemos en esa dirección es provechoso tener presente lo que dicta la primera ley de Newton. Esta establece que un cuerpo se mantendrá en estado de reposo o de movimiento hasta que una fuerza externa altere su estado de reposo y lo ponga en movimiento o altere su estado de movimiento y lo ponga en reposo. De modo que, a diferencia de lo que establecen algunos denominados expertos en materia de crecimiento personal, profesional y espiritual, el cambio no empieza con lo que tenemos en nuestro interior. Por el contrario, es preciso, como sugiere el principio newtoniano, que una fuerza externa incida sobre lo que tenemos en nuestro interior, en nuestra mente y corazón, para ocasionar aceleración. Eso es un cambio con transformación. Ahora, habiendo establecido lo antedicho, cabe señalar que, a diferencia de los demás entes del mundo físico, el ser humano en su interior tiene la capacidad de discernimiento. Dicha capacidad nos permite perseguir o evitar, con conocimiento de causa, aquellas fuerzas externas que, de entrar en contacto con nuestro interior, podrían alterar el statu quo. Y con "alterar el statu quo" quiero decir movilizarnos si estamos en reposo o detenernos si estamos en movimiento.

Físicamente hablando, en el planeta Tierra siempre habrá una fuerza externa actuando sobre toda materia indiscriminadamente. Una fuerza que, dependiendo de cómo nos posicionemos, nos puede movilizar o detener. Esa fuerza se llama gravedad. En la experiencia existencial en sentido general existen fuerzas que, como la gravedad, nos ayudan a avanzar o, por el contrario, se constituyen en un escollo para nuestro desarrollo.

Por tanto, para desenvolvernos con éxito en determinado ámbito es importante conocer las fuerzas que tienen incidencia sobre el mismo. De manera especial, debemos entender y respetar las fuerzas que, como la gravedad, son ley. Según esas fuerzas debemos vivir y convivir. Si osamos quebrantarlas terminaremos quebrantados así como el hombre que desconociendo la ley de la gravedad saltó de un vigésimo piso y terminó muerto en el primer piso.

Esas fuerzas con carácter de ley inquebrantable no son otra cosa que los principios que estableció Dios Padre. Todo lo demás es mutable y mejorable. Pero para mejorarlo y no dañarlo debemos respetar el diseño fundamental del ser trascendental que nos dio este mundo para mayordomear.

Si lo soslayamos, creyéndonos dueños y señores, nos espera un destino que es el mismo que le espera a aquel ángel de luz que cometió el desatino de desafiar y querer ser igual al Dios trino. Entre otras cosas, el objeto de este libro es advertir e instruir al individuo de manera que no cometa esa clase de desatino. De hecho, la misión de este trabajo escritural es empoderarte con lineamientos empresariales y existenciales que te ayuden a encauzar, mejorar y definir el cuerpo, la forma y el fondo de lo que estás llamado a ser y a dejar de ser de modo que emprendamos las cosas de acuerdo a cómo deben ser. No en función de caprichos y delirios de poder, sino según un nicho específico que haga uso intensivo de tus talentos; de tu capacidad de pensamiento crítico, de tu liderazgo de servicio y de tu habilidad de trabajar en equipo buscando siempre el mejoramiento continuo.

Lo que tenemos y no poseemos

Embarcar en la gesta descrita más arriba con una actitud y aptitud de tomar posesión implica, generalmente, tres cosas. Primero, hacer un inventario o evaluación de las cosas que tenemos, pero no poseemos. Como modo de ilustrar este concepto aparentemente paradójico donde el individuo tiene, pero no posee, unos párrafos más atrás hablamos de los libros que tenemos, pero cuyo contenido no poseemos si, en efecto, no lo leemos, asimilamos y aplicamos en pro del mejoramiento de nuestro bienestar y el de los demás.

Hacer una evaluación certera de la presencia de ese fenómeno paradójico en nuestras vidas conlleva, entre otras cosas, postular y contestar preguntas inéditas sobre la razón de ser de nuestra existencia, exponernos a situaciones que pongan en evidencia tanto nuestro potencial como nuestra ignorancia, a medida que corremos hacia los lados las cortinas de las vanas apariencias que esconden las luces y las sombras de nuestra verdadera esencia. Haciendo estas cosas podremos crear conciencia de lo que sabemos y de aquello que no sabemos; lo que no debemos hacer y lo que deberíamos hacer, pero no hacemos porque no creemos y no obedecemos los preceptos que gobiernan nuestro diseño.

En cierto sentido, somos como un automóvil último modelo, equipado con la más alta tecnología diseñada para ayudarnos a navegar, escollos evitar o superar para a nuestros destinos arribar de la manera más expedita, segura y placentera posible. Pero, si somos cual tal automóvil ¿por qué no siempre llegamos a nuestros destinos de la manera más expedita, segura y placentera? ¿Será porque no conocemos las herramientas que tenemos en nuestro haber y no hemos sido educados sobre cómo operarlas y aprovecharlas como Dios manda?

Para tomar posesión y poner en operación esas herramientas tenemos que no nada más poseerlas, sino también conocerlas y obedecer los principios que las gobiernan. En otras palabras, tenemos que conocer la Verdad y proceder en función de ella. Así, conociendo la Verdad, obtendremos la libertad para tomar posesión de nuestro potencial y superar escollos personales, culturales, profesionales, sociales y cosmovisionales.

Ella - la Verdad - siempre ha existido. Mas no es hasta que el individuo la conoce, estudia, proclama, obedece y ejecuta que este se emancipa de las mentiras que de su potencial de crecimiento lo cohibían. Por ello el primer paso para concebir y ejecutar ideas claras es hacer un inventario de lo que tenemos, pero no poseemos. Así podremos evaluar dónde estamos parados para determinar la dirección en la que debemos dirigirnos y establecer un plan de acción que genere extraordinarios beneficios.

Algunos dirán, "pero todo lo que tengo lo poseo". Si eres de los que se atreven a decir eso, entonces ya te habrás leído y habrás fielmente aplicado el contenido positivo y relevante de todos los libros de los cuales eres dueño, ¿cierto? Si estás leyendo estas líneas quiere decir que estás vivo, tienes vista y cierto nivel de educación. Sin dudas, tienes todo eso: vida, ojos, cerebro. Pero ¿verdaderamente posees tu vida? ¿O la posee el sistema? ¿O la tienen arrestada los vicios y malos hábitos propios de nuestra naturaleza? ¿Posees tus ojos? ¿O lo posee el menú de series y películas en línea? ¿O el físico de un amor prohibido? ¿O el sueño que te pega a las sábanas cuando debes estar velando, estudiando y a tu prójimo ayudando? ¿Posees tu cerebro? ¿O lo poseen las distracciones, las posesiones y diversiones pasajeras? Esas que deleitan, pero corroen el alma entera de una manera que a veces ni nos damos cuenta hasta que llega la hora de rendir cuentas.

La verdad es, amigo lector, que tenemos muchas cosas, pero no poseemos ninguna de ellas. Esas cosas que tenemos las hemos recibido de alguien y, por tanto, son, en cierto modo, prestadas. Tomando esto en consideración, el llamado que hago en estas páginas es a que entre tanto tengamos lo que tenemos busquemos poseerlo en el sentido de bien-administrarlo y no de simplemente utilizarlo en función de caprichos que nada tienen que ver con el verdadero propósito por el cual estamos vivos.

Avanza con la Verdad como punta de lanza

El segundo paso para tomar posesión con ideas claras es canalizar nuestra pasión por responder y ejercer nuestra vocación a través de un plan estratégico que desglose el tiempo y el modo en el cual han de llevarse a cabo las acciones que nos permitirán materializar la totalidad de nuestro potencial, del que late en nuestros pechos, que tenemos latentes en nuestros cerebros y queremos realizar con nuestras manos, paso a paso, haciendo bien y no haciendo daño.

En términos generales, la elaboración del plan estratégico debe tener especificado lo que se quiere producir, cuándo debe estar completado el proceso de producción y qué tipo y cantidad de materia prima se necesita para cumplir con la meta de producción.

Si una fábrica de ropa de vestir quiere producir 10,000 piezas de un diseño en particular tiene que gestionar los insumos para su elaboración. Digamos que se necesiten, entre otras cosas, dos toneladas de algodón para cumplir con esa meta de producción. Sin esa materia prima no se puede materializar y reproducir el diseño. Lo mismo sucede con el proceso de tomar posesión a través de la gestión de ideas claras. Requiere de la combinación de materias primas. Por tanto, el plan estratégico debe, precisamente, delinear el modo y la manera en que se gestionarán y combinarán las materias primas. En lo que respecta al ámbito de los negocios, el plan debe explicar la dinámica de comercialización del producto que resultará a partir de la combinación de los insumos.

Más que en el aspecto material de tomar posesión y materializar nuestras metas, el plan estratégico debe enfocarse en lo que tiene que ver con delinear el proceso de edificación del ser humano. En ese particular, la materia prima son las ideas. Siendo el modo de pensar de una persona lo que determina, en gran medida, su manera de actuar e interactuar, el plan estratégico debe alimentarse de las informaciones arrojadas por el inventario o evaluación de las cosas que tenemos, pero no poseemos. Tomando en consideración esas informaciones, podemos desarrollar un proceso de investigación que nos lleve a la identificación de las ideas que nos han cohibido de tomar posesión y aquellas que podrían posibilitar la materialización de la plenitud de nuestro potencial si las estudiamos, obedecemos y aplicamos integralmente.

El plan estratégico, en ese sentido, establecería el currículo de un programa de estudio y entrenamiento en el ejercicio de las ideas, paradigmas y conceptos que han de regir nuestro pensamiento, agudizar nuestro discernimiento e incrementar nuestro nivel de desempeño en la práctica. Cabe señalar que a la hora de decidir cuáles ideas hemos de estudiar, asimilar y ejecutar debemos pasarlas por el cedazo de la Verdad. ¿Y qué es la Verdad? La respuesta a esa pregunta podría ser extensa y compleja. Pero en esta oportunidad la mantendré sucinta y precisa. La Verdad con "V" mayúscula es aquella que no varía. Es la Causa sin causa que causa el efecto. Es lo real y lo racional que, a su vez, trasciende lo racional.

Dicho esto, inquiero. ¿Se corresponde lo que actualmente pensamos con tales criterios de la Verdad? ¿O se corresponden, más bien, con los criterios subjetivos de nuestra naturaleza carnal, egoísta y mortal? Hago la pregunta porque en el mundo actual abundan cosmovisiones de la vida que argumentan que la Verdad está en nosotros. Que la clave de tomar posesión está en nuestro ser interior. Si tal fuera el caso, entonces el ser humano fuese perfecto en todos los aspectos. Pero la realidad demuestra lo contrario. Somos imperfectos, cometemos errores a través de nuestro trayecto desde la cuna hasta el féretro; hacemos daño a nuestro contexto y al ser acusados buscamos uno y mil pretextos para exculparnos y mostrarnos libres de pecado. Aun cuando el juicio emitido demuestra nuestra culpabilidad de pecado más allá de toda sombra de duda, argumentamos que la verdad de nuestro pecado es un mero concepto, una construcción social creada para controlar y castigar. Sin embargo, la realidad de nuestro pecado no es una construcción social como postulan muchos pensadores de la filosofía naturalista, darwinista, freudiana, budista, marxista y otras muchas provenientes tanto de Oriente como de Occidente. La Verdad es, en cambio, como la energía que no se crea ni se destruye, sino que se conserva y, sobre la base de tal definición, es infinita y eterna.

> ¿Cómo ha de mejorar una persona que no asume responsabilidad ejecutando un criterio certero de lo que está bien y lo que está mal?

Soy economista, no psiquiatra ni psicólogo, pero como ser humano que se observa a sí mismo y al contexto que me rodea, he podido determinar que todos nacemos con una naturaleza de maldad. Al niño no hay que enseñarle a decir mentiras. Miente por naturaleza. De hecho, al niño hay que enseñarle a decir la verdad pues no la dice por inclinación natural cuando la misma revela en él algún tipo de culpabilidad. No obstante, una observación tan elemental como esta está siendo objeto de debate en las iglesias, la política y la academia.

Ciertamente se dice que vivimos en la era de la post-verdad donde nada es verdad y nada es mentira. Sobre la base de esa premisa es imposible tomar posesión y materializar la plenitud de nuestro potencial. Pues ¿cómo ha de mejorar una persona que no asume responsabilidad ejecutando un criterio certero sobre lo que está bien y lo que está mal?

Dentro del marco de la denominada era de la post-verdad podemos justificar prácticamente cualquier comportamiento o predicamento. Sin embargo, si realmente queremos avanzar como individuos y como sociedad tenemos que asumir nuestras faltas y manejar con el más alto grado de responsabilidad cualquier nivel de éxito que podamos alcanzar.

Volviendo al concepto de verdad como tal, es preciso puntualizar que a partir de la Verdad con "V" mayúscula se derivan verdades con "v" minúscula. Estas últimas se diferencian de la primera en que tienen fecha de origen y fecha de caducidad. Por ejemplo, es verdad que al momento de escribir estas líneas un servidor tiene 33 años de edad. En mi próximo cumpleaños, el 18 de agosto del 2019, eso dejará de ser verdad. Ahora, nunca dejará de ser verdad que en el período entre el 18 de agosto del 2018 y el 18 de agosto del 2019 el autor de estas líneas tuvo 33 años de edad.

Dicho esto y quedando demostrado que nuestra condición mortal y pecaminosa nos cohíbe de ser la fuente original de la Verdad con "V" mayúscula, es preciso que miremos hacia afuera para buscarla. Específicamente debemos mirar hacia el origen de nuestra existencia. Mejor aún, debemos buscar y encontrar al Originador de nuestra existencia que es quien goza de la omnisciencia, la omnipotencia y la omnipresencia para ser, en esencia, la Verdad de la cual emanan todas las verdades a través de las edades. De hecho, es solo por medio de una relación con el Originador de la creación que podemos no nada más conocer la Verdad, sino también recibir la capacidad para entenderla, aplicarla, obedecerla y promoverla.

Una vez identificada la Verdad, es preciso la descarguemos a nuestro interior y la instalemos en nuestro sistema de pensamiento y operación para así actuar e interactuar en función de lo que ella establece. Y a medida que hacemos esto no debemos desestimar el hecho que mientras nuestro espíritu tenga residencia en nuestra carne, nuestro sistema de pensamiento y operación estará susceptible al virus del error y la mentira que circunnavega en nuestro interior. Sabiendo lo predicho y considerando, en un mismo respiro, el carácter infinito de la Verdad, debemos descargar su contenido a nuestra mente constantemente para mantener en cuarentena al virus que nos habita; virus que adultera, contamina y distorsiona nuestro pensar y que, consecuentemente, afecta negativamente nuestro modo de actuar e interactuar.

Volviendo al plan estratégico como tal, el mismo debe alimentarse de la Verdad y ser, en efecto, una carta de ruta para ponerla en práctica y descubrir verdades cada vez con más profundidad tanto para beneficio personal como colectivo. Cabe decir que esos descubrimientos surgen de la búsqueda y puesta en práctica del conocimiento. Surgen a partir de interacciones sociales, experiencias empresariales, situaciones familiares, retos físicos y espirituales, cada uno de los cuales deben ser abordados obedeciendo a nuestra conciencia moral y ética.

Abraza el espíritu ganador que posibilitó tu concepción

Finalmente, el tercer requisito en la gesta de tomar posesión a través de la concepción y gestión de ideas claras, es tener siempre presente el hecho de que a pesar de nuestras numerosas imperfecciones somos, en cierto sentido, ganadores de nacimiento. Ganadores en la épica carrera por la vida; carrera que le ganamos a miles de otros que nadaban con el mismo objetivo de ser concebidos. Ninguno de nosotros nos recordamos de aquello pues éramos bien pequeñitos para ese entonces. Éramos, de hecho, diminutas semillas nadadoras cuando salimos vencedores en aquella hazaña extraordinaria. Es imposible que nos recordemos de tal vivencia, pero así como existe prueba fehaciente de nuestra naturaleza pecaminosa, tenemos evidencia de nuestra naturaleza ganadora. Mirémonos al espejo y veremos el reflejo de un ganador en esencia y en potencia pues, por la gracia de Dios y unión de nuestra madre y nuestro progenitor, lo hicimos. Aquel día en la fecha de nuestro cumpleaños número cero ¡nacimos! Nuestro certificado de nacimiento constata el lugar y fecha de nuestra llegada a este mundo. De manera que las preguntas de cuándo y dónde nacimos están ya contestadas. La pregunta que toca responder es la de por qué y para qué propósito tenemos aliento de vida en nuestros pechos.

Contrario a lo que algunos argumentan, ese por qué y para qué no lo determina el individuo per sé. Partiendo de la premisa de que el individuo es creación, el mismo tiene un Creador. Siendo el Creador el que determina el por qué y para qué de la creación, el individuo cumple con su propósito cuando se supedita a las directrices del que lo creó y aliento de vida le dio. Es verdad. Tenemos la potestad de ignorar tales directrices y creernos autores y señores de nuestro destino. Mas, al final, si seguimos por ese camino, nos daremos cuenta de que habremos cometido el mayor de los desatinos.

Imaginemos a un hombre llamado Nelson que por primera vez ve un teléfono. No sabe qué es un teléfono. No sabe por qué y para qué fue hecho ese objeto. Se percata de que el objeto tiene al lado el manual del fabricante, pero Nelson decide ignorarlo y procede a usar el artefacto en el acto, sin seguir el guión, valiéndose exclusivamente de su limitada intuición. De un momento a otro, Nelson sostiene un argumento con su mejor amigo Pedro y le propina un golpe en el mismo lóbulo occipital. Ese golpe resulta ser mortal y el teléfono que originalmente fue hecho para comunicar termina siendo usado como un arma blanca para matar. Si bien el teléfono no fue hecho para agredir, sino para comunicar y conectar, Nelson estaba ajeno al propósito del diseño de aquel objeto y lo usa o abusa según su deseo personal y lo que sucede en el fragor del momento como tal. Eso hacemos y asimismo procedemos con nuestras vidas cuando vivimos en desconocimiento y en abierta rebelión al propósito de nuestro diseño.

De hecho, a veces aun conociendo el por qué y para qué propósito tenemos aliento de vida en nuestros pechos, hacemos lo que desea nuestro ego y vivimos la vida cual si fuera un juego. Pero, a veces, al parecer, no sabemos que rebelarnos al diseño equivale a jugar con el fuego. Con un fuego que fue diseñado para calentar y nuestro frío calmar, pero que ante nuestro ego termina quemándonos y calcinando el potencial del talento que alberga nuestro cerebro, que habita en nuestro espíritu y que nuestras manos anhelan llevar a cabo para generar un valor agregado único y extraordinario.

Origen del valor

Desde el vientre de nuestras madres somos valiosos pues nuestro valor como personas está intrínsecamente ligado a lo que somos en esencia y no necesariamente a lo que hacemos o tenemos para proyectar determinada apariencia. Sin embargo, muchas veces caemos en el error de equivaler el ser con el hacer y con el tener, así como equivalemos lo importante con lo urgente. Es por eso que algunas personas sienten que su vida es un fracaso cuando fracasan mientras otros se consideran invencibles cuando ganan.

Pero en realidad nuestro valor proviene de lo que somos y a quien le pertenecemos. En otras palabras, primeramente somos lo que somos y no lo que hacemos. Por eso se nos denomina "seres humanos" y no "quehaceres humanos". Por tanto, debemos proceder sobre la base de la certeza de quienes somos, trascendiendo la naturaleza de las realidades circunstanciales que afectan nuestra existencia a lo largo de nuestras diferentes vivencias. Algunas de esas realidades que afectan nuestra existencia, como nacionalidad, familia y género, son inescapables. Otras son simplemente producto de nuestras decisiones o indecisiones. En definitiva, todas y cada una de las realidades circunstanciales que conforman la vida de un individuo comienzan y terminan, e inciden, para bien o para mal, en su capacidad de materializar su potencial y perseguir la felicidad.

Precondiciones para la felicidad

Tener vida y libertad son precondiciones fundamentales para perseguir la felicidad. Así lo entendieron los padres fundadores de los Estados Unidos de Norteamérica cuando establecieron en la Declaración de Independencia de dicha nación que "todo hombre es conferido por su Creador con una serie de derechos inalienables entre los cuales están los derechos a la vida, la libertad y la búsqueda de la felicidad". La vida, por su parte, la experimenta todo aquel que es concebido, pero lamentablemente ese derecho inalienable se le arrebata al ser humano de manera legal e ilegal dentro y fuera del vientre maternal. Por otro lado, la medida en que un individuo disfruta su derecho inalienable a la libertad en el mundo contemporáneo depende, en cierto grado, al lugar donde fue alumbrado. En ciertos lugares, su derecho a la libertad será significativamente afectado por su género. En varias naciones de Medio Oriente, por ejemplo, las mujeres no tienen derecho a manejar un vehículo de motor, ni a elegir y ser elegidas a posiciones de autoridad en un concurso electoral a nivel local, regional o nacional. Por tanto se podría argumentar que si bien la vida es una condición poseída por todo ser humano hasta su muerte, la libertad no está perenne y completamente presente en todas las etapas y aspectos de la vida en sí. Reconociendo esta y otras realidades, Jean Jacques Rousseau puntualizó hace más de dos siglos en su obra "Contrato social" que "el hombre nace libre, pero por todos lados está encadenado". Partiendo de esa premisa, la libertad, inalienable y libremente conferida, está inevitablemente condicionada por toda una gama de circunstancias.

Ahora, en torno a la felicidad como tal, me llama mucho la atención lo que revela la palabra en sí misma al empezar y al terminar. Al empezar, en la primera sílaba, encontramos la palabra "fe". Al terminar, en la última sílaba, vemos la palabra "dad". Siendo la felicidad un estado del "ser", me permito interpretar la primera sílaba de la palabra en estado "tener" y la última en estado "hacer". La "fe", por su lado, como sugiere el autor del libro de Hebreos en el capítulo once, versículo primero, implica tener certeza y convicción. Específicamente la certeza de lo que se espera y la convicción de lo que no se ve. "Dad", por su parte, es la sílaba del acento prosódico y su fuerza sobre las demás sílabas puede ser interpretada como una orden para hacer el bien y no mirar a quien. Procediendo como establece Mateo 10:8, "dando por gracia lo que por gracia hemos recibido".

Por consiguiente, *teniendo* lo primero (FE) y *haciendo* lo último (DAD) que nos indica la palabra obtendremos y experimentaremos lo que la misma tiene que ofrecer: plena e imperecedera ¡felicidad! Yuxtapongo este juego de palabras a la premisa filosófica de Rousseau por el hecho de que entiendo que es solo por medio de la fe y el servicio que podemos emanciparnos de las ligaduras endógenas y exógenas que nos cohíben de caminar en la libertad que emana de la verdad.

En otro orden, cabe puntualizar que en el proceso de tomar posesión, las metas que brindan plena e imperecedera felicidad son aquellas que se persiguen en función de nuestro llamado. Son aquellas que se alcanzan en el mundo material al tiempo que el que las logra materializar está aferrado a las cosas que el dinero no puede comprar y la muerte no se puede llevar. Una vida de propósito, de hecho, se trata precisamente de eso; se trata de perseguir objetivos más allá de nuestra individualidad sin olvidarnos de nuestra identidad, creando así unidad en la diversidad que engloba la dinámica existencial.

Para que el logro de una meta incida en el bienestar del ser humano, la felicidad debe ser una condición pre-existente en la vida del individuo. En otras palabras, las metas alcanzadas no pueden brindar felicidad si el que las persigue no decide ser feliz previo al éxito o fracaso de su empresa por materializarlas. Entendemos, entonces, que la función de una meta o idea en lo que tiene que ver con bienestar personal es enriquecer una felicidad pre-existente. Es decir, si la persona que logra la meta no era feliz previo a su materialización, entonces al lograrla solo experimentará, en el mejor de los casos, un placer efímero y superficial, pero en el fondo seguirá siendo infeliz aunque en ciertos momentos se sienta "feliz como una lombriz".

Definiendo términos

Tener cierto grado de éxito no hace al individuo un superhombre invencible así como fracasar en algo no lo hace un fracasado desahuciado. De hecho, las personas que han perseguido sus metas inflexiblemente resueltas a triunfar sobre la base de quienes son en esencia y no de las vanas apariencias, han fracasado mucho más que aquellos que se dejan definir por el fracaso o éxito de una empresa, la importancia de su posición, o el prestigio de su apellido.

Consideremos las hazañas de Thomas Alva Edison, Alexander Graham Bell, Winston Churchill y Nelson Mandela. Todos y cada uno de estos personajes históricos fracasaron numerosas veces en su carrera hacia el éxito. De hecho, ellos estimaron el proceso de lograr el éxito mucho más que el éxito en sí mismo. Se enfocaron en crecer a través del camino, sin dejarse desenfocar por la gloria o el martirio del destino que les tocó experimentar. El éxito es pues una filosofía de vida paradójica en cierto sentido, ya que se construye sobre un ferviente deseo de triunfar sin temor a dar el todo por el todo y fracasar. Así es como Gilbert K. Chesterton define la valentía al catalogarla como una realidad virtualmente absurda en la cual el ser humano decide vivir intensamente sin temor a la muerte. Mas, lamentablemente, en la sociedad actual el éxito y la valentía se tienden a equivaler con la popularidad y la temeridad. Tal confusión toma lugar tan frecuentemente porque superficialmente el vicio se parece mucho a la virtud así como una persona ebria parece estar feliz cuando lo que en realidad está es enfermándose física, mental, emocional y económicamente.

Para entender esto, consideremos que el que practica lo que es malo, en efecto, busca lo bueno. Sabemos que la fama, el dinero, el placer y el poder no son cosas malas en sí mismas. Todos y cada uno de estos elementos son buenos dentro de un marco regulatorio de tiempo, espacio y cantidad que inyecte perspectiva y ecuanimidad en la naturaleza instintiva y egocéntrica del ser humano. Dicho marco debe regirse por una serie de principios que disciplinen y focalicen los instintos así como una partitura dicta la entonación correcta de la música. Pues, como señaló el escritor británico C.S. Lewis en su libro "Mero cristianismo", todas y cada una de las notas musicales son correctas siempre y cuando se toquen en el tiempo y el modo que indica la composición. Lewis habló de este particular en el contexto de la moral y el comportamiento humano. En ese sentido, compara las notas musicales con los instintos del ser humano y las notas musicales con la denominada ley moral. Los instintos en el ser humano lo llevan tras el placer, el poder y el dinero. Como las notas musicales, ninguna de estas cosas son correctas o incorrectas en sí mismas. Su benevolencia o malevolencia estriba en si se supeditan o no a la ley moral que es cual partitura que dicta la entonación de la nota musical como tal.

Pero si todo tiene que supeditarse a una partitura ¿qué de la improvisación entonces? También tiene su tiempo y su lugar dentro del marco de ciertos rigores. Así como en la música la improvisación debe conformarse a principios de la técnica, la armonía y la melodía, en la búsqueda de placer, poder y dinero el ser humano debe conformarse a las buenas costumbres que mantienen el orden público en beneficio tanto del individuo como del colectivo. De modo que, contrario a lo que algunos puedan argumentar, la improvisación no se crea en el vacío, privada de principios. Improvisar exitosamente, de hecho, requiere de cierta habilidad. Depende, de hecho, del conocimiento y la maestría que se tenga del arte y la ciencia del instrumento a utilizarse. Ya sea un violín o un piano; ya sea la felpa de un autor o las palabras de un orador. Por tanto, la temeridad y la popularidad, a fin de cuentas, no se equiparan con el éxito y la valentía. El ser humano que respeta la ley moral y tiene credenciales así como un historial que lo avale, es el que puede improvisar con éxito en el espacio social, empresarial, cultural y demás. En fin, el éxito en el plano popular viene como resultado de trabajar arduamente en lo privado y presentarse en los espacios públicos sin tapujos, atreviéndose a ser uno mismo, defendiendo y promoviendo la verdad independientemente de lo que los demás piensen.

> **El verdadero triunfo en el plano popular viene como resultado de trabajar arduamente en lo privado.**

Si bien es cierto que algunos llegan a ser populares haciéndose eco de los vicios y vanas apetencias de las grandes mayorías, no es menos cierto que tal popularidad es relativamente de corta duración y en vez de edificar lo que hace es erosionar significativamente la calidad de vida tanto del que la cultiva como del que la apoya.

Por otro lado, hay quienes crean popularidad identificándose genuinamente con las necesidades del público y ofreciendo soluciones sensibles y virtuosas, aunque a veces dolorosas, a los problemas que afectan el mejor interés del grupo que ellos representan. Este tipo de popularidad fundamentada en la verdad que da lugar al crecimiento integral, se crea orgánicamente y no se hace sintética o artificialmente. Se crea a base de lo intrínseco y de lo nuevo, construido sobre el fundamento de lo probado; a base de lo genuino que promueve el bien colectivo y no a base de lo falso que busca el respaldo popular para beneficio personal. Por eso, el que se hace popular es usualmente un mero seguidor de riquezas que para avanzar su agenda personal se hace eco de lo apetecible. En cambio, el que crea, más que popularidad, valor y riqueza moral, ética y material, es un líder que con su voz despierta la voluntad popular a un mundo de mayores y mejores riquezas y oportunidades. Oportunidades que no son meramente otorgadas a la gente que está interesada, sino que son creadas por el líder comprometido a hacer los sacrificios en el noble oficio de generar beneficios, de decirle que no a los vicios y dedicarse a servir antes que a ser servido.

Una de las ilustraciones más cautivadoras de este tipo de liderazgo la vemos en el mundo de la música clásica. Es delante de la orquesta y de espaldas a la audiencia que el director musical se gana el favor del público. Batuta en mano dirige a sus músicos con gran precisión acompañada de una evidente pasión por las melodías que corren por sus venas, alma, mente y corazón; melodías que se hacen deliciosamente audibles gracias al talento, coordinación y preparación de todo un gran equipo de artistas que interpretan la composición de lugar bajo la dirección del maestro. Y, después de la gran función, viene el reconocimiento, los aplausos, la audiencia se pone sobre sus pies, algunos silban y otros gritan "bravo" repetidas veces. Teniendo la oportunidad de llevarse toda la gloria, el maestro no la toma y reconoce a su Señor, al Maestro de maestros, al dador del talento y del intelecto. También reconoce a los músicos que componen la orquesta y les ordena se pongan de pie para ser reconocidos por su excelencia en la entrega. El público, en respuesta, acentúa los aplausos. Eso es verdadero liderazgo.

Sin duda, el director de orquesta que lidera de esa manera se remite a la instrucción paulina de Filipenses 2:3. Ahí el apóstol nos manda a que "nada hagamos por egoísmo o vanidad; más bien, con humildad consideremos a los demás como superiores a nosotros mismos". Mas, cuántos no se pasan toda una vida de cara al público, con aires de ser el más apuesto y astuto, mendigando reconocimiento. Algunos logran llamar la atención por una temporada hasta que viene otro y se roba el show diciéndole al público lo que quiere escuchar y no necesariamente lo que debe escuchar y con diligencia acatar.

Los verdaderos líderes, por el contrario, no son narcisistas ni esclavos de la popularidad ni mendigos de reconocimientos en la alta sociedad. El líder verdadero es, en cambio, cual director de orquesta que seguro de sí mismo se atreve a darle la espalda al público para realizar su labor con gran devoción, con dignidad y honor, con humildad y celeridad a la hora de ayudar a los demás.

La noción de que una persona exitosa valore el esfuerzo y sacrificio realizado más que el premio obtenido como resultado puede parecer un contrasentido puro y simple. ¿Cómo pudo, por ejemplo, Nelson Mandela valorar más los veintisiete años que pasó encarcelado en una isla que los cinco años que fungió como presidente de la República de Sudáfrica? ¿Será porque sin apreciar el precio pagado es imposible valorar el premio obtenido?

Creo que es precisamente porque no entendemos con suficiente profundidad el precio pagado que muchas veces no valoramos las posesiones que tenemos en nuestras manos. Simplemente porque no hemos pagado el precio por ellas directamente. Tal cuadro circunstancial nos hace propensos a dejar que se nos vayan los años sin que mayordomeemos y tomemos posesión de nuestras posesiones para beneficio de la presente y de las subsiguientes generaciones.

Para evitar cometer el error garrafal de desperdiciar nuestro extraordinario potencial es imperioso que apreciemos el regalo divino de la vida, el precio pagado por aquellos que nos antecedieron, el compromiso que tenemos con nuestra nación y la responsabilidad que llevamos sobre nuestros hombros de entregarles a nuestros hijos, nietos y bisnietos un mundo mejor cuando nos toque decir adiós. Hasta la llegada de ese momento demos el todo por el todo para dejar un buen testimonio, aferrándonos siempre a las cosas que el dinero no puede comprar y la muerte no se puede llevar. A eso solamente aferrémonos. Todo lo demás cojámoslo como el que no quiere la cosa.

Plan de acción

Llevar a cabo tamaña gesta y completarla exitosamente requiere del diseño e implementación de un riguroso plan de acción. Tal plan conlleva, por un lado, embarcar en un viaje introspectivo hacia el mismísimo centro de nuestro corazón y allí diagnosticar la condición de nuestra situación. El camino que nos lleva a ese lugar donde está el nudo, donde podemos ver nuestro corazón al desnudo, está saturado de distracciones, trampas, espejismos y circunstancias imprevistas que amenazan con arrebatarnos la esperanza de descubrir la Verdad y ser emancipados de la mentira que tiene en cadenas nuestro potencial de grandeza. No el de engrandecernos con tal o cual proeza, sino el de reconocer la debilidad que a través de la humildad se pueda convertir en fortaleza para servir a otros con el poder de nuestra fuerza.

Por eso, para socavar cualquier distracción, un plan de acción es fundamental para encauzar nuestra visión y potenciar nuestra misión hacia su plena realización a medida que agregamos valor y transformamos lo bueno en algo mejor. Desprovisto de un plan específico, el individuo meramente reacciona a las trampas, espejismos y circunstancias del camino. Asido de un plan de acción de carácter integral, el ser humano se puede anticipar a las trampas, trascender las circunstancias, separar la señal del ruido y operando en torno a ella generar multitud de beneficios.

Ahora bien, un plan es como un mapa que representa el territorio, pero por más actualizado y sofisticado que sea, nunca reflejará completamente la complejidad dinámica y multidimensional del territorio en sí. Por ello, en el proceso de tomar posesión tenemos que ser flexibles como el bambú y fuertes como el acero. Flexibles en cuanto a la adaptación de nuestras nociones, gustos y preferencias, pero fuertes e inflexibles en lo que tiene que ver con la Verdad y los principios y valores que de ella provienen.

Por ejemplo, tu conocimiento limitado del territorio te puede llevar a diseñar un plan que no contemple la posibilidad de desplazarte de un punto a otro más efectiva y expeditamente. Sin embargo, cuando llegas a un tramo específico del territorio te das cuenta de que existe un puente de soga con piso de madera que conecta al otro lado sin necesidad de tener que tomar el camino más largo que te indica el mapa.

Decides tomar el puente, mas tras de ti viene la competencia. Ya habiendo cruzado al otro lado, te sientes tentado a sacar el cuchillo y cortar la soga del puente mientras tu contrincante intenta cruzar. Pero inmediatamente, en un mismo respiro, recapacitas y decides no hacerlo. Más adelante, gracias a tu ejemplo, tu oponente se convierte en tu mejor aliado y te da la mano en un momento de dificultad.

Es probable que, en la mayoría de los casos, nuestro oponente no se convierta en nuestro mejor aliado. Pero aun así vale la pena proceder correctamente. Aunque, en ocasión de legítima defensa, es menester cortar la soga y cercenar la cabeza del que intenta nuestro aliento de vida usurpar. Y no nos sorprendamos si el que amenaza con quebrantar nuestro espíritu y frustrar el desarrollo de nuestro potencial es un pasado de inseguridad colmado, el cual hemos arrastrado a nuestro presente y el cual, a su vez, se adentra sigilosamente en nuestro futuro cual ladrón que mata, roba y destruye indiscriminadamente.

Ante esa posible realidad debemos, como Don Quijote, sacar fuerzas de flaquezas. Y, con la espada de la Verdad desenvainada, darle una estocada mortal a esa etapa, momento o pensamiento del pasado que tenía nuestro futuro hipotecado. Dejando atrás al occiso, démosle la bienvenida a un presente sano y a un futuro de bendiciones preñado.

No miremos tanto hacia atrás y a los lados. El parabrisas tiene dimensiones más grandes e importantes que el espejo retrovisor. Esto para que miremos hacia adelante la mayor parte del tiempo a medida que conducimos el vehículo de la vida. Si nos fijamos demasiado en los espejos retrovisores incrementaremos exponencialmente el riesgo de accidentarnos.

Por tanto, démosle uso a los retrovisores mirándolos de soslayo para tener una perspectiva general del entorno. Pero enfoquémonos en mirar a través del parabrisas; en dar lo mejor de nosotros en el presente sabiendo que mañana cosecharemos lo que hoy sembramos. En ese espíritu, plantemos nuestras valiosas semillas de talento en la tierra fértil de un corazón y mente supeditados a principios incorruptibles y acompañados de una valentía indestructible ante la adversidad. Así nuestra vida germinará y dará frutos al treinta, al sesenta y al ciento por uno para beneficio de muchos.

Acción en inversión

A veces nuestra habilidad y voluntad de sembrar se
ven afectadas por una mentalidad consumista-inmediatista que no nos permite ver más allá del aquí y el ahora.
Cuando los judíos fueron emancipados de faraón y salieron
camino de la Tierra Prometida llevaban consigo una serie
de hábitos que desarrollaron a lo largo de cuatrocientos
años en cautiverio. La mentalidad del hebreo promedio,
por ende, no era necesariamente la de conquistador, inversionista y/o emprendedor.

En calidad de esclavo quizás el hebreo promedio no
tuvo el margen para tan siquiera pensar en el concepto de
tomar posesión y crear riqueza. Todo lo que sabía era trabajar bajo el látigo del capataz y consumir día a día lo poco
que tenía. Entonces al escuchar que en la Tierra Prometida
fluía leche y miel en abundancia quizás los israelitas que
salían de Egipto tan sólo pensaron en consumir leche y
miel. Tal vez no consideraron que donde hay leche y miel
también hay vacas que ordeñar y abejas capaces de picar.

Con esa mentalidad consumista-inmediatista no conquistaron la Tierra Prometida. Consecuentemente vagaron
en el desierto por cuarenta años antes de tomar posesión
del territorio prometido a sus padres. Durante ese periodo
de tiempo en el desierto podríamos decir que la mentalidad del hebreo sufrió una metamorfosis. Pasó de ser esclavo a ser un ente libre, no nada más físicamente, sino también espiritual y empresarialmente. No obstante, según el
Pentateuco, el proceso de transformación tomó cuarenta
años. Considerando que el trayecto de Egipto a Canaán es
de cuarenta días por el desierto, cuarenta años vagando en
ese tramo puede parecer y fue, de hecho, para la gran mayoría de ellos, toda una vida.

Hoy nosotros tenemos la gran ventaja de aprender de esta experiencia del pueblo judío y de muchos otros episodios Bíblicos e históricos de modo que no tengamos por qué ocupar toda una vida para pasar de un nivel a otro en nuestro desarrollo a causa de un escollo de carácter cosmovisional.

Acción en innovación

A medida que crecemos y tomamos posesión de nuestro don para agregar valor es importante proteger el progreso acumulado y no nada más preocuparse por hacer lo nuevo aun cuando ello sea de inferior desempeño. Aludiendo a esta premisa, C.S. Lewis dijo que "una sociedad prudente sabe establecer y sostener un balance entre conservar lo que tiene y buscar aquello que no tiene".

Hoy, sesenta años después de que Lewis articulara esas palabras, el autor de estas líneas reitera dicha tesis y considera que una sociedad con dos dedos de frente no compra todo aquello que esté rotulado con la marca de progreso. Como entes inteligentes, antes de invertir y consumir debemos estudiar con entereza los datos de nutrición de lo que nos están vendiendo cual si fuera un inocuo helado de fresa. El alcohol y el tabaco, por ejemplo, lo venden como felicidad, éxito y popularidad. Las vallas publicitarias enseñan al que consume tal o cual marca de bebida alcohólica o tabaco con una sonrisa a flor de labios, rodeado de bellas mujeres, viviendo una vida de clase mundial en sentido general. En letras pequeñitas, en una de las esquinitas inferiores de la valla, puntualizan que "el consumo excesivo de alcohol es perjudicial para la salud" o que "fumar es perjudicial para la salud". Cabe señalar que esa puntualización la hacen por ley. La hacen por obligación y no porque realmente tengan el mejor interés del consumidor en mente. A fin de cuentas, lo que la valla publicitaria proyecta es una foto que sirve como carnada para que mordamos un anzuelo que, amalgamado con otros factores, causa adicción, aflicción, muerte y pobreza. Curiosamente la foto en la valla presenta al sujeto con uno que otro trago en el sistema, mas nunca lo presenta borracho dando asco. Nunca presenta una gráfica estadística que indique el número de muertes inocentes que toman lugar a causa de accidentes provocados por personas que manejan bajo la influencia del alcohol. Sí, así es. Tan sólo la influencia del alcohol y no necesariamente su consumo en exceso causa problemas, algunos de ellos irresolubles pues acaban con la vida del que lo consume y del vecino que asume que transita seguro en una vía donde, lamentablemente, se movilizan personas inescrupulosas que no valoran la vida en su dimensión divina.

En síntesis, no debemos sucumbir a todas las oportunidades de placer y progreso que nos ofrezcan. Por muy bonitas que parezcan, no nos debemos dejar engatusar por la foto. En cambio, estudiemos el final de las películas que han rodado con esas fotos bonitas convenientemente colocadas en el principio del rodaje. Igualmente consideremos el final de las películas que no tuvieron fotos muy bonitas colocadas en el principio, pero que al final las gentes en la foto quedaron bien más que en sentido material, en sentido moral y espiritual. En función de eso, decidamos qué hacer o no hacer; qué oportunidades perseguir y cuáles, de plano, debemos descartar. Con el conocimiento de estas verdades tenemos la potestad de emanciparnos de una multitud de pesadumbres y muy malas costumbres. Pero más allá de conocer esas verdades, tenemos que poseerlas y operar en pro de su continua y certera ejecución.

El pueblo de Israel aun después de haber salido físicamente de la esclavitud de Egipto continuó sumido en las maneras de su antigua condición. Muchas veces estuvieron a punto de dejarse engatusar por pseudo-líderes que los invitaban a regresarse a Egipto donde el pan y el agua estaban "asegurados". Ante las vicisitudes del desierto, la oferta parecía buena, pero aceptarla hubiese significado el fracaso; hubiese significado el rechazo de una oportunidad sin precedentes para forjar su propia identidad emparejada con la inalienable libertad a través de la cultivación de una relación con el Creador que los emancipó del yugo de faraón.

Tomando en cuenta lo antedicho, tengamos la audacia de decirle que no a lo que parece bueno ya que eso que parece bueno puede ser enemigo de lo mejor que Dios preparó para el mayordomo-emprendedor. Con ese criterio, pongamos nuestras manos en el arado y no miremos atrás. La Tierra Prometida nos pertenece. Está esperando que tomemos posesión de ella y la trabajemos a diario inteligente y responsablemente con el sudor de nuestras frentes.

A medida que la conquistamos tengamos presente que en la Tierra Prometida se trabaja, pero también es un lugar para el descanso de mente, cuerpo y alma; descanso que nos permite trabajar al máximo al tiempo que cultivamos todas y cada una de las áreas de nuestras vidas sistemáticamente en un círculo virtuoso de descanso-productividad-descanso. Dicho círculo, según madura y se reanuda, se convierte en una espiral ascendente que nos lleva de bien a mejor y de mejor a excelente. Así continúa la espiral y alcanza la altura donde nos damos cuenta del carácter pasajero de lo que se logra en terreno material; donde creamos plena conciencia de la finitud del tiempo y el espacio que ocupamos en un mundo que, por el rumbo que va, no le queda más que terminar y no ser más. Entendiendo ese particular operamos en función no de lo simplemente pasajero, sino en correspondencia con aquello de carácter eterno e imperecedero; con aquello que trasciende la tridimensión de materia-espacio-tiempo. En ese nivel de acción y pensamiento, no hay parabrisas ni espejos retrovisores. Allí todo es más claro. Allí nuestra visión puede abarcar un radio de trescientos sesenta grados y nuestra misión imposible se puede hacer posible, tangible y visible. En ese nivel de conciencia podemos superar nuestra condición congénita de maldad y de pecado a través del arrepentimiento, la renovación y un encuentro cara a cara con la Verdad que nos redime por gracia y no por mérito o por esfuerzo.

De más está decir que el autor de estas líneas en su calidad de mortal no puede provocar en el prójimo todo lo antedicho. Por ende, en este libro mi propósito no es dar respuestas definitivas a cuestiones existenciales y/o espirituales. No obstante sí tomaré esos particulares en consideración a medida que le presento al lector una especie de mapa conceptual diseñado para ayudarlo a navegar diferentes territorios en el mundo de los negocios, las finanzas y demás andanzas propias de la dinámica existencial de un ser humano integral; aquel resoluto a superar escollos a medida que materializa algo de carácter extraordinario que deje una marca positiva e indeleble en la vida de los demás; marca que dote de fortaleza al débil, de riqueza al pobre y de honra al que, por tal o cual desavenencia, se encuentra en deshonra.

Con el propósito de equiparte con herramientas que te orienten en el proceso de lograr esto, en la próxima sección introduciremos la metodología CLARAS^2. A través de ella compartiré contigo lineamientos para el diseño de una estrategia eficiente, efectiva y certera para que tomes posesión y logres tus metas. Así que pasa la página para emprender tus proyectos con inteligencia, pasión y un sentido de dirección para progresar pasando de lo bueno a lo mejor, y de lo mejor a lo trascendente que marca precedentes en el plano de lo excelente.

IDEAS (CLARAS)²

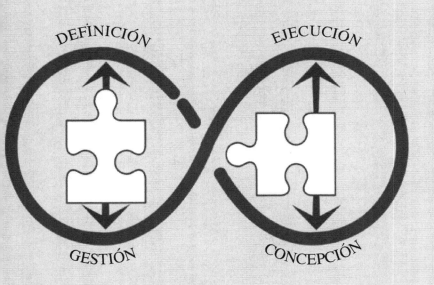

IDEAS (CLARAS)²:

UNA GUÍA LLANA Y BALANCEADA

*Emprender es dar
inicio a lo que el ocio, el pre-
juicio y los vanos oficios habían es-
condido o dejado en el olvido; es encauzar y montar una idea, un potencial, en
el vehículo que lo llevará a un destino
de propósito en y más allá del
mundo de los negocios.*

CLARAS² es una estructura compuesta de seis binomios diseñados para ayudar al emprendedor a navegar el terreno personal, empresarial, espiritual y financiero de modo que le pueda sacar el mayor provecho a su talento y al vehículo o plataforma sobre la cual lo monetiza y lo desarrolla. La estructura encierra en un acrónimo los siguientes seis dúos conceptuales para el desempeño óptimo en la realización de objetivos:

C oncreto
reativo

L oable
ograble

A ccionable
sociable

R entable
eproducible

A ctual
temporal

S istematicidad
habbat

Cada uno de los pares conceptuales que conforman esta metodología está diseñado para ser un dúo dinámico, complementario y balanceado. Si bien es posible aplicarlos por separado en el proceso de diseño y realización de objetivos, la metodología CLARAS^2 ha sido ideada para ser ejecutada de manera integral. Sin embargo, esto no quiere decir que en ciertas etapas del proceso de realización de objetivos la metodología no pueda ser aplicada de manera compartimentalizada.

De hecho, es preciso que los dúos sean seleccionados y utilizados en función del nivel de maduración en que se encuentra tal o cual idea o proyecto. Ahora bien, el principio de integridad metodológica debe ser siempre aplicado en el sentido de que a medida que uno de los seis dúos toma un rol central en la gestión empresarial, los otros cinco no dejan de ejercer su influencia aunque sea desde una posición en la periferia. De esa manera se fomenta la fluidez del proceso dentro de un sistema que busca crear, controlar y mejorar, entre otras cosas, la calidad, rentabilidad y carácter moral del ejercicio empresarial.

Algunos se preguntarán, por qué seis dúos; por qué no solos; por qué no tríos, cuartetos, quintetos o sextetos. La razón primordial es que quise crear un sistema parecido, en cierto sentido, al cuerpo humano y a todo lo demás que ha sido creado. Todos podemos observar a simple vista que parte significativa de nuestro cuerpo está estructurado en pares. Los ojos, fosas nasales, manos, pies y orejas vienen en pareja. También los ovarios, testículos, riñones, senos, pulmones y glúteos vienen en dúo. Pero no solo eso, el cerebro, uno de los componentes más valiosos de nuestro cuerpo, también tiene dos partes. El hemisferio izquierdo y el derecho. El izquierdo se encarga de ejecutar las funciones lógicas con números, letras, palabras y conjuntos de palabras mientras que el hemisferio derecho se encarga de procesar interpretaciones abstractas, creativas, visuales y espaciales. Nuestro esqueleto, por su parte, tiene 206 huesos de los cuales 86 vienen en pares. Es decir que solo 34 de los 206 no tienen par. Evidentemente todo lo demás que está siendo y ha sido creado se estructura de forma similar al diseño del cuerpo humano. Las dos alas de un avión, el par de ruedas de una la bicicleta, los faros de un automóvil, la portada y la contraportada de este libro. En fin, todo lo que se balancea esta compuesto de componentes internos y extremidades que vienen en pares.

Dado que CLARAS^2 es una herramienta conceptual diseñada precisamente para potenciar y balancear el desarrollo del ser humano, también consiste de pares que, aplicados correctamente, pueden ayudar a ocasionar que tu desempeño se dispare al óptimo nivel de manera procesal, sostenida y hasta divertida. De hecho, uno de los factores que han permitido la multiplicación de la especie humana es que el acto que lo ocasiona se hace en pares y es divertido. Ahora, para que el mismo sea responsable y sostenido debe hacerse dentro del marco del matrimonio, el cual crece y se fortalece sobre la base del sacrificio y no del egoísmo.

Lamentablemente abundan los encuentros fortuitos entre hombres y mujeres que unen cuerpo con cuerpo con el supremo objeto de divertirse y pasar el momento. Algunos lo hacen con el plan premeditado de desligarse de la persona que sirve como medio para su diversión una vez terminado el encuentro entre los cuerpos. En ocasiones hacen esto al tiempo que tienen una relación con otra persona a la cual también utilizan como medio para satisfacer su ego. Otros individuos son bienintencionados en sus encuentros con el sexo opuesto, pero comprometen la integridad de la unión consumando el amor antes de haber hecho el compromiso legal de honrar, mantener y cuidar de ese amor para toda la vida. "Pero y si no están preparados para el compromiso qué han de hacer entonces". Bueno, si no están preparados para hacer el compromiso legal no tienen derecho a degustar el premio que, en principio, está reservado para ser disfrutado por los que hacen el compromiso y los sacrificios que posibilitan el éxito integral de una pareja matrimonial. "¿Entonces el que no se compromete no se divierte?" Sí, se puede divertir dentro de los parámetros de su nivel de compromiso. Si viola los parámetros, puede que se divierta, pero no de una manera responsable y perdurable. Se puede divertir violando los parámetros, pero al final de la diversión sentirá un vacío en su corazón; vacío que solo puede llenar un amor comprometido, incondicional y de sacrificios; vacío que no puede llenar el éxtasis o diversión que se experimenta en el fragor de la pasión.

Así como un ladrón disfruta de aquello que se roba, un adúltero disfruta del postre que se come. Ambos, sin embargo, no pueden experimentar una felicidad plena e imperecedera ya que su diversión afecta negativamente a la víctima y al victimario. Afecta al hurtado y al engañado así como afecta al adúltero y al ladrón. Al hurtado y al engañado lo privan de un bien material o de la honra y fidelidad que quizás dieron, pero no recibieron. El adúltero y el ladrón, por su parte, eventualmente caen en su propia trampa y se ahogan en las negras aguas de sus marañas.

La razón por la cual pongo estos asuntos morales de relieve es porque como individuos no podemos compartimentalizarnos. Eso es, actuar de un forma en el ámbito personal y pretender que eso no afecta nuestra dinámica profesional y social. ¿Por qué? Porque simple y llanamente somos individuos. Es decir, indivisos. Nuestro quehacer y lo que decidimos tener o no tener incide, para bien o para mal, en nuestro ser. Y por mucho que busquemos crear una fachada para disfrazar las diferentes áreas de nuestras vidas que no están en correspondencia con los principios de excelencia moral, a fin de cuentas, saldrá a la luz la verdad que nuestras faltas ante el público desnudará.

Reconociendo ese particular, a través de su naturaleza holística e integral, CLARAS^2 aspira a que el profesional creé conciencia sobre las áreas de incongruencia entre la esencia y la apariencia. Esto para que, en un mismo respiro, busque proactivamente modos y maneras de resolver esos problemas antes de que se materialice una crisis que exacerbe la situación y diluya el enfoque del gestor en su empresa por generar y monetizar valor.

Volviendo al aspecto estructural de CLARAS^2 como tal, el diseño de la metodología está conformado de seis pares para poder engendrar, gestar, alumbrar, criar, madurar, multiplicar y disfrutar tanto el camino como el destino del logro de tal o cual objetivo. Todo esto procediendo de manera correcta. No de forma maquiavélica buscando cualquier medio, bueno o malévolo, con tal de cumplir la meta. "¿Y cuál es la manera correcta?" La que no se desvía de la Verdad, la que toma en cuenta a los demás, dando más de lo que pide, la que se prepara hoy para mañana para siempre hacer el bien manteniéndose al margen de atajos malvados y de la actitud de "yo hago lo que me da la gana y por eso siempre gano".

En otras palabras, emprender utilizando los seis pares que contiene la metodología CLARAS^2 implica estar comprometido a pagar el precio para degustar el premio. Si creías que CLARAS^2 se trataba sobre una forma de embarcar en una ruta fácil hacia las ganancias exorbitantes puedes cerrar el libro y leer otro que te engatuse endulzándote los oídos con musas de un megalómano empedernido.

Que quede claro, el objetivo de CLARAS^2 es empoderar con la verdad al individuo comprometido a lograr el éxito con integridad, aplicando principios atemporales y de vanguardia para avanzar en el ámbito empresarial, personal y financiero. De hecho, el sistema CLARAS^2 como tal surge, en parte, a partir de mi experiencia como asesor y desarrollador de negocios así como de mi entrenamiento en economía y metodología de la investigación. A nivel cosmovisional, CLARAS^2 se concibe sobre la base de principios cristianos a los cuales aludo a pesar de ser criticado por aquellos que piensan que los negocios nada tienen que ver con lo religioso. Si bien para algunos la transacción pueda estar totalmente divorciada de la convicción del que la lleva a cabo, para mí no. Creo en un proceder integrado donde todo tiene que ver con todo; uno donde las incongruencias erosionan la esencia por más que uno se afane por crear una buena apariencia. Eso lo aprendí cuando fungía como corredor de acciones de Wall Street en la ciudad de Miami. En ese discurrir conocí a innumerables profesionales que a pesar de ganar un salario de seis cifras no tenían dinero para invertir. Estos profesionales trabajaban arduamente durante las horas del día, pero utilizaban su tiempo de ocio peligrosamente al caer la noche, al ir de compras los fines de semana y durante las vacaciones. Despilfarraban su dinero a diestra y a siniestra comprando cosas que no necesitaban con el solo objeto de causar una impresión y recibir la adulación del público y de su círculo íntimo de "amigos". Muchas veces los vi utilizar su salario de seis cifras para mudarse en un apartamento lujoso de siete cifras pagando una mensualidad de cinco cifras al tiempo que financiaban su estilo de vida con tarjetas de crédito.

A medida que ayudaba a estas personas a poner su vida financiera en orden, se me hacía difícil crearles un hábito de disciplina en el gasto pues algunos de ellos eran compradores impulsivos. Eran personas extremadamente talentosas para hacer dinero, pero sin un ápice de conocimiento sobre cómo manejarlo sabiamente. Al recibir un aumento en sus salarios y otras entradas pecuniarias este grupo de clientes aumentaba su nivel de consumo en vez de incrementar su nivel de ahorro e inversión. Al entrevistarlos y asesorarlos descubrí que la raíz del problema estaba en su percepción mental de las cosas. Un aumento en el flujo de dinero era visualizado por ellos como un aumento en su capacidad de consumo y no como un aumento en su capacidad de inversión y expansión empresarial.

Por otro lado, tenía un grupo de clientes que a pesar de ganar salarios de cinco cifras invertían y ahorraban más dinero en términos porcentuales pues consumían menos en términos absolutos y tenían un estilo de vida más frugal en sentido general. Estos inversionistas entendían que lo importante no es cuánto dinero uno gana, sino con cuánto dinero uno se queda a fin de cuentas.

Por último, en mi cartera de clientes existían unas cuantas personas que producían sumas de siete cifras anualmente, pero lo hacían a expensas de aquellas preciadas cosas que el dinero no puede comprar y que la muerte se lleva en un abrir y cerrar de ojos. Irónica realidad la que enfrentan personas acaudaladas que llevan en sus miembros una enfermedad que el dinero no pueda sanar y un desbarajuste familiar que el poder político-económico no puede estabilizar. Todo por abordar la vida envueltos en un individualismo recalcitrante, sin una perspectiva clara de lo importante y con una visión desbalanceada y desordenada de lo que significa triunfar. Y qué es, de hecho, el verdadero triunfo, cabe preguntar. Según la última estrofa de una canción que me cantaba mi padre cuando era niño "el triunfo significa que domine el bien, que los hombres se amen y que la verdad reine en las conciencias siendo su sostén . . . y ha de ser, si ayudas, una realidad".

CLARAS^2 busca precisamente hacer realidad ese concepto del triunfo y del éxito; busca ayudar al individuo a darle carácter proactivo y contextualizado a su modo de vivir de manera que mantenga el mismo al margen de los vicios disfrazados de pasatiempos recreativos y oportunidades lucrativas que son en esencia destructivas.

En los siguientes seis capítulos desglosaremos el contenido de CLARAS^2 de dos en dos. La explicación de cada dúo conceptual se hará siguiendo la estructura de principio, ilustración, concatenación y evaluación. Esto le permitirá al lector asimilar y aplicar el sistema de manera metodológica a medida que desarrolla su proyecto y supera escollos a través de su trayecto hacia el éxito.

IDEAS
(CLARAS)²

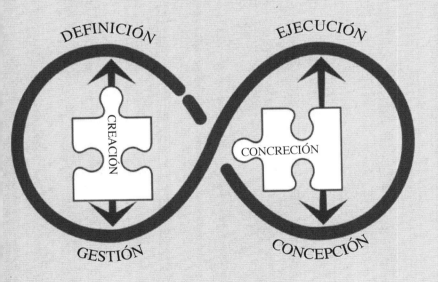

DEFINICIÓN   EJECUCIÓN

CREACIÓN   CONCRECIÓN

GESTIÓN   CONCEPCIÓN

DE LO CREATIVO A LO CONCRETO:

ESTABLECIENDO EL LIBRETO DEL PROYECTO EN TU CEREBRO

De lo creativo sale lo concreto y de lo concreto surge el valor y el aprecio por lo creativo que en su inicio fue abstracto y por otros rechazado.

Lo que se ve fue hecho de lo que no se ve. Toda cosa creada tiene como materia prima una visión imaginada, inspirada, influenciada y estudiada. De modo que, para crear, el ser humano, quien a su vez es creación, necesita originar y depositar en su mente y corazón ideas invisibles que se hacen visibles a través del trabajo realizado con las manos, paso a paso, hablando, hilvanando, respirando, transformando.

En ese sentido, cabe señalar que la calidad y efectividad del trabajo como tal guarda una relación de carácter causal y positiva con la educación que tiene el que lo realiza. La relación es causal y positiva porque el aumento en la causa o variable independiente (nivel de educación/creatividad/disciplina) resulta en un aumento en el efecto o variable dependiente (productividad en sentido general). Dicho de otra forma, mientras más materia prima invisible (educación) tiene una persona entre sus orejas, mayor será su capacidad de generar y agregar valor en el desarro-

llo material de tal o cual empresa. Por tanto, lo antes descrito comprende una relación positiva de causa y efecto
donde la educación es la causa y la productividad el efecto.

Entonces, la educación, que es un elemento invisible, se
hace visible en el producto que genera el ser humano como
resultado. Consecuentemente, el ser humano que le presta
más atención a lo invisible logra más visibilidad en términos
de productividad que el individuo que se deja embelesar
con lo visible a simple vista. Teniendo esto en cuenta, especialmente en una sociedad donde lo invisible parece estar
siendo socavado por la tiranía de lo visible, nos toca asumir
con intención el ejercicio de crear más allá de replicar lo
visible que ya existe. Esto con el fin de romper con el patrón
contraproducente que a veces creamos de vivir día tras día
haciendo lo mismo sin considerar diferentes maneras de
mejorar nuestra forma de accionar de modo que generemos
valor y lo combinemos con materias primas para producir
un bien o servicio que represente determinado beneficio.

Dicho patrón puede atrofiar el potencial creativo que
alberga el ser humano en lo más íntimo. Ese potencial que
a veces tenemos enterrado en las entrañas de nuestra alma;
cubierto bajo capas de inseguridad, comodidad u orgullo
que sirven como escudo ante la Verdad que redarguye argumentos sin fundamento articulados para justificar, de
algún modo, el subdesarrollo de nuestros talentos. A veces no es sino hasta que se materializa una circunstancia
que altera nuestro curso que ese potencial boya a nuestra
mente y corazón rompiendo toda capa que evitaba que el
mismo saliera a la luz y se desarrollara en toda su plenitud.

Es posible que esa circunstancia ya se haya materiali-
zado en tu vida y estés en el proceso de crecer a un nivel sin
precedentes con el propósito cumbre de ayudar a los demás
y establecer un legado que pueda ser perpetuado y ensan-

chado por las personas que trabajan a tu lado. Si todavía no ha surgido ese momento decisivo, créalo ahora. No esperes a mañana pues mañana puede que sea demasiado tarde para realizar el proyecto que tienes guardado en aquello que palpita adentro de tu pecho. No corras ese riesgo. Ese gran riesgo de no arriesgarte e integrarte como la mano al guante con tu potencial creativo que puede generar extraordinarios beneficios para todos los que estamos vivos. Como modo de empoderarte y motivarte a desarrollar lo que en tu pecho arde, en este capítulo explicaremos y desglosaremos el significado que encierra la primera pareja conceptual de la metodología CLARAS^2. Cabe señalar que todos los elementos que componen a CLARAS^2 como tal califican la palabra IDEAS. Por tanto, al considerar las particularidades de la metodología, es preciso que el lector tenga presente la razón de ser de cada uno de los elementos que no es otra cosa que darle propósito y dirección a la dinámica de establecimiento y gestión de objetivos y proyectos específicos. En otras palabras, CLARAS^2 es el apellido; IDEAS, el nombre. Consideremos nombre y apellido en un mismo respiro para que el contenido sea aplicado en el contexto del propósito por el cual ha sido concebido desde un principio. ¿Cuál? El de dotar al individuo con lineamientos para que trille caminos que lo reten, lo entrenen y lo lleven a destinos donde pueda recibir beneficios a cambio de la entrega de los valores que ha generado y generará con tesón, pasión, inteligencia y devoción.

Concretizando lo creativo

Como puedes observar en la contraportada del libro, Concreto-Creativo es el primer dúo conceptual de la metodología. En lo adelante también nos referiremos a él como

C^2. Su primer lugar en la metodología no es resultado del azar, sino de lo intencional ya que el prerrequisito fundamental para que nuestras ideas se puedan materializar es que estén articuladas y encauzadas de manera concreta y creativa. Entendemos que lo concreto tiene su origen en lo creativo debido a que, como puntualizamos anteriormente, "lo que se ve fue hecho de lo que no se ve". Es más, si la materialización de nuestras metas ha de traer emparejada consigo algún elemento de innovación, las mismas han de ser cultivadas y gestionadas de manera creativa y destructiva. "¡¿Destructiva?!" Sí, destructiva porque lo creativo que es, a su vez, innovador destruye algo de carácter inferior cuando se concretiza, establece y masifica. Así fue que la luz eléctrica sustituyo a la vela y la lavadora a la batea que en tiempos pretéritos utilizaba la abuela.

Entonces, si bien lo creativo debe aterrizar en lo concreto nunca debe enajenarse de su naturaleza creativa. Así, después de haber aterrizado y cierto nivel de éxito haber alcanzado, puede nueva vez despegar y a un mayor nivel de desarrollo aspirar. Por eso C^2 es el primer elemento de CLARAS^2 y funge, en cierto sentido, como el coeficiente líder del sistema que ancla y sintoniza a todos los demás elementos de la ecuación con su razón de ser de proveer claridad, confianza y orientación al gestor de la idea que aplica la metodología con entereza.

Cabe decir que el dúo conceptual Concreto-Creativo, así como los demás elementos de la metodología, generan resultados al ser combinados con la imaginación, las ideas, proyectos y experiencias del individuo. En otras palabras, CLARAS^2 no produce resultados en el vacío, sino que se alimenta de los insumos que el gestor de metas pone sobre la mesa. Al pasarlas por el sistema, las ideas o insumos son transformadas en estrategia. En otras palabras, con CLARAS^2 las piezas del rompecabezas se unen para formar una imagen completa donde las materias primas combinadas se convierten en productos que, a su vez, generan resultados. CLARAS^2, entonces, es como una licuadora de alta potencia. Te puede hacer los batidos más nutridos del planeta, pero tienes que echarle los ingredientes de lugar para el batido nutrido poder degustar. Por tanto, le toca a cada quien dotarse de los insumos para generar los productos a través de este sistema que, utilizado de la manera correcta, puede materializar, optimizar y expandir tu potencial de soñar y crear. Mientras más frutos desees generar mayor será la cantidad y calidad de insumos que deberás gestionar. CLARAS^2 es solo una estructura para ayudarte a planificar, ejecutar y reanudar el proceso de transformar tus ideas en proyectos, tu visión en acción, tu potencial en realidad, tu futuro en actualidad.

Con lo antedicho meridianamente establecido, te hago las siguientes preguntas. ¿Qué insumos tienes o necesitas para expandir tu potencial creativo? ¿De qué habilidades o instrumentos requieres para concretizar y engranar las partes individuales en un todo que multiplique tu desarrollo? ¿Si ya tienes las ideas y el instrumento o vehículo para combinarlas y ejecutarlas, por qué nos has emprendido como es debido? ¿Qué te ha cohibido? ¿Comodidad o conflicto? En la medida en que identifiques estos particulares de manera concreta, expandirás tu potencial creativo y de generación de beneficios específicos para satisfacer las necesidades de multitud de individuos. Pero, aclaro, esto no es espontáneo e instantáneo. Lo concreto y lo creativo cuesta trabajo.

Todo efecto tiene su causa

Para demostrar de una vez y por todas el carácter intencional (no aleatorio) de la creatividad consideremos lo que se conoce en las ciencias biológicas como la teoría de generación espontánea. La misma establece que la vida surge espontáneamente de materia orgánica y/o inorgánica. De modo que, de acuerdo a esta teoría ya desfasada, no se necesita a un ser vivo para producir a otro ser vivo. Usted dirá que esa aseveración es obviamente incorrecta, pero no fue sino hasta el siglo XVII con un experimento realizado por Francesco Redi que la noción de la generación espontánea comenzó a ser cuestionada. Su total refutación fue lograda con otro experimento realizado por Louis Pasteur en el siglo XIX. De hecho, antes de que se realizaran sendos experimentos la teoría era ampliamente aceptada. Tanto así que personas como René Descartes, Francis Bacon e Isaac Newton la avalaban. Y es que a simple vista parecía cierta.

Considere un pedazo de pollo crudo al descubierto en la meseta de una cocina. De momento suena el teléfono. La ama de casa que está sazonando ese pedazo de pollo sale de la cocina y se dirige a la sala a contestar la llamada. Contesta y es su prima que le tiene noticias del matrimonio de la tía Rita con el joven rico que conoció en la Isla Margarita. Hablan, hablan, hablan y hablan y la ama de casa abre la ventana para que le entre brisa y le quite el sudor que le ha provocado la risa que le dio lo que le contó su prima Irma sobre lo que le sucedió a la tía Rita cuando conoció a sus suegros en la Isla Margarita. En eso entra una mosca, se dirige a la cocina y aterriza en el pedazo de pollo que se había quedado solo. La ama de casa cierra la ventana, ve la mosca y la mata. Continúa sazonando el pollo y en eso entra su esposo con un vino espumoso para invitarla a bailar un tango como lo hacían cuando eran novios.

Quince minutos después la ama de casa termina de bailar el tango con su esposo y regresa a la cocina para agregarle una salsa de mango al pollo. Entrando a la misma pega un grito al cielo y llama a su esposo Evo para que mate a las quince moscas que invadieron su cocina y tenían al pollo a la vista. Apresuradamente, Evo interviene y soplando un chicle que tenía en la boca hace una bomba con la cual atrapa a las quince moscas y las ahoga en un vaso con agua semi-congelada que le había servido su esposa Aida.

Cinco minutos después del episodio Aida Soler le dijo a su esposo Evo Tineo que no entendía de dónde salieron las quince moscas si antes había una sola la cual ella había matado con una escoba. Mientras dirimían la cuestión una mosca emergía del pedazo de pollo que tenía el sazón. Conclusión: del pollo salen las moscas espontáneamente como es evidente para todo aquel que tiene ojos para ver, le dijo Evo Tineo a su esposa Aida Soler.

Si bien la aseveración de Evo parece ser certera a simple vista, en realidad es incorrecta pues, como ha demostrado la ciencia a través del principio de la biogénesis, la vida sale de la vida. Más aún, la vida que sale de la vida es según la especie de la misma. Es decir que de un pollo vivo u occiso no puede salir una mosca ni una mariposa. Entonces, ¿de dónde salió la mosca que Evo vio emerger del pollo que sazonada su esposa Aida Soler? ¿De dónde salieron las otras quince que Evo mató pegándolas a la bomba de chicle y ahogándolas en un vaso con agua semi-congelada? Sencillo. Salieron de la primera mosca que entró por la ventana. Ella era hembra y se llamaba Marbella. Llevaba huevos dentro de ella y al aterrizar en el pollo se desprendió de ellos. Poco después murió fruto del escobazo que Aida le propinó. Sus hijos, al nacer, buscaron vengarse, pero Evo su plan socavó cuando a la bomba de chicle las pegó y en el vaso con agua semi-congelada las ahogó.

Debo decir que esta historia es ficcional. En realidad, bajo un ciclo biológico normal, las larvas que Marbella depositó sobre el pollo hubiesen tardado unos cuantos días en desarrollarse y emerger como moscas capaces de volar y la existencia de Aida Soler estorbar. No obstante el punto de todo esto es que las cosas vivas no surgen ex-nihilo; de la nada. De hecho, como dice otra frase en latín, Omne vivo ex vivo. Que, simplemente, quiere decir que la vida viene de la vida. Biológicamente la vida surge a partir de la biogénesis con la unión de las semillas y los huevos de una misma especie. Así surgen, se desarrollan y masifican las familias, las empresas y las ideas que terminan siendo mucho más grandes que las personas que las originan. No se conciben de manera aislada, sino que son fruto de la unión de elementos complementarios de carácter heterogéneo.

Sintetizando las materias

Entonces, para que tus ideas sean concretas y creativas deben elaborarse con elementos complementarios cuya fusión sea mayor que la suma de los elementos. Considera los ingredientes fundamentales para hacer un bizcocho. Digamos que son leche, harina, azúcar y huevos. Supongamos que compras tres huevos por $1, un litro de leche por $2, una libra de harina por $1.50 y ½ libra de azúcar por $0.50. El total te hace $5. Llegas a tu cocina con los ingredientes y los mezclas. Distribuyes la mezcla en diez moldes con forma de estrella, los metes en el horno y a la hora indicada sacas diez bizcochos dulces y esponjosos. Decides empacarlos y ponerlos a la venta a un precio de $2.50 por unidad. En menos de veinticuatro horas te los retiran del mercado y generas una ganancia bruta de $25. Digamos que el costo del carburante para cocinar los bizcochos y el material para empacarlos costó un total de $4, eso te dejaría una ganancia neta de $16. Es decir, terminas con un monto mayor a la suma de las partes individuales que utilizaste para hacer el bizcocho en primer orden.

El costo de los insumos o materias primas totalizó $9. Las ventas del producto generado a partir de la integración de los insumos fueron $25. Ese fenómeno, denominado valor agregado, es posible gracias a la concatenación y transformación creativa de productos primarios y/o intermedios. Ello constituye una dinámica creativa porque aquellos que mezclan o concatenan los productos primarios e intermedios lo hacen con un fin en mente. Lo hacen visualizando algo que no se ve a simple vista. El bizcocho con forma de estrella, por ejemplo, no se ve en tres huevos o una libra de harina. Pero sí se ve en la imaginación del que gestiona los diferentes elementos con el propósito de integrarlos y transformarlos en el producto imaginado el cual, en turno, se aplicará para satisfacer una necesidad puntual. En el caso del bizcocho, esa necesidad es la de comer y la vida embellecer degustando un buen pedazo de pastel.

El cuarto factor de producción

En lo que respecta a tus metas, cuáles son los insumos de tu mezcla, cuál la receta que te orienta, dónde está la cocina con los instrumentos para preparar el plato suculento, y dónde el mercado para venderlo. Determinando estos particulares estableces lo que en las ciencias económicas llamamos la función de producción. En ella se especifican los factores de producción que inciden en la generación de tal o cual producto o servicio. Y se les llama factores por la sencilla razón de que son elementos que combinados causan o posibilitan el proceso de producción.

Tradicionalmente en las ciencias económicas los tres factores de producción a considerar a la hora de elaborar un bien o servicio son tierra, capital y trabajo. Sin embargo, existe un cuarto factor que constituye la columna vertebral que sostiene y moviliza a los otros tres. A ese factor se le denomina liderazgo, emprendimiento o know-how. A pesar de la preeminencia que tiene este factor sobre todos los demás, el mismo es, a veces, el que menos atención recibe por el hecho de que es el menos visible de los cuatro. La tierra, el capital y el trabajo son insumos visibles y tangibles. Por tanto, las personas que toman decisiones primordialmente dentro de un marco cortoplacista le prestan un nivel de atención desproporcionado a estos tres factores al tiempo que soslayan y, consecuentemente, sub-utilizan el potencial que tiene el recurso humano en la función de producción.

Dada la lamentable realidad que en un sistema político clientelar los líderes se enfocan más en lo inmediato que en el desarrollo a largo plazo, los recursos humanos de alto potencial que operan dentro de él no gozan del espacio necesario para materializarlo. Tal sistema patrón-cliente predomina en las economías emergentes y allí el espacio para el desarrollo de una cultura meritocrática de investigación es escueto. En ocasiones, de hecho, es virtualmente inexistente. Y en ausencia de ese espacio se hace sumamente cuesta arriba generar conocimiento más allá de simplemente consumir y reproducir datos. Más aún, la carencia de una cultura meritocrática hace que el aparato institucional sea ineficiente en su gesta por premiar lo bueno y castigar lo malo independientemente de quién lo haya perpetrado.

Por ese motivo países ricos en recursos como el oro, la plata y el petróleo que provienen de la tierra se mantienen en el sub-desarrollo. De hecho, apoyándose en estos recursos visibles gran parte de las economías emergentes no hacen una inversión suficiente y eficiente en capital humano el cual es, más allá de toda sombra de duda, el factor sine que non para la industrialización y modernización de cualquier nación.

Para cultivar el capital humano de acuerdo a la importancia que el mismo representa es imperioso que los líderes a la cabeza de las principales entidades políticas, empresariales, académicas y eclesiales se rijan por valores meritocráticos, no clientelares. Más aún, es preciso que estos líderes estén apropiadamente entrenados en el arte y ciencia de la buena administración y, sobre esa base, se preocupen más por hacer lo que es correcto que por ser populares a expensas de crear un futuro donde todos los sectores de la sociedad alcancen un mejor y mayor estado de bienestar.

En lo que respecta a Latinoamérica, para que un liderazgo orientado a la potencialización del cuarto factor emerja y se establezca es necesario que el liderazgo actual, que es preeminentemente clientelar, sea sustituido por líderes cuyos principios los inclinen a prestarle atención a lo invisible; a la ética, a la moral, a la justicia, al conocimiento, al talento y al emprendimiento.

Si no sucede ese relevo, entonces el liderazgo clientelar de la actualidad continuará maniobrando para "ganar" el próximo concurso electoral malversando los recursos de tierra, capital y trabajo para beneficio partidario. No cabe dudas que bajo ese esquema de liderazgo caprichoso permaneceremos en nuestro estado actual de sub-desarrollo. Por tanto, si verdaderamente queremos avanzar tenemos que cambiar adoptando un modelo de liderazgo weberiano; uno que entienda que la punta de lanza del progreso no está en los primeros tres factores, sino en el cuarto factor de producción: el liderazgo de visión. Ello es lo único que, en esencia, tiene potestad y corazón para mayordomear la nación con sentido de propósito y de dirección hacia una realidad donde aprovechemos al máximo nuestro potencial de crear, servir e innovar.

La escasez también es un factor

Todo lo creado demanda el uso de los cuatro factores en distintas proporciones. Para elaborar una camisa de algodón, por ejemplo, se necesita tela de algodón la cual se produce en una fábrica construida sobre la tierra con un algodón cosechado de la tierra por trabajadores que utilizan cierta maquinaria (capital) para realizar dicha tarea bajo la dirección de un gerente (liderazgo) que coordina la operación.

Las ciencias económicas estudian el buen uso de esos factores de producción los cuales, cabe señalar, existen en cantidades limitadas. Dado el hecho de que estos factores no son ilimitados, es preciso que se analice, de la manera más objetiva posible, cuál es el mejor uso que se le puede dar a cada factor. Para determinar esto es necesario considerar un universo de alternativas y elegir la opción que represente el menor costo de oportunidad. ¿Y qué es costo de oportunidad? Es, simplemente, lo que dejamos de hacer al hacer lo que estamos haciendo.

Por ejemplo, una hora de trabajo (factor de producción) lo puedo usar para producir pan. Alternativamente lo podría usar para producir leche. ¿Cómo decido a qué dedicar esa hora de trabajo? Sobre la base del costo de oportunidad. ¿Cómo lo determino? Determinando la productividad en la realización de cada actividad para después comparar una con otra. Digamos que por cada hora de trabajo puedes producir 10 lonjas de pan o 100 litros de leche. ¿Cuál es el costo de oportunidad? En la producción de pan tenemos que por cada lonja que se produce se dejan de producir 10 litros de leche. Sucede, entonces, que por cada litro de leche se deja de producir tan solo la décima para de una lonja de pan. Por tanto, en este caso, la hora de trabajo debe dedicarse a la producción de leche ya que es la actividad que representa el menor costo de oportunidad.

En lo que atañe al diseño y consecución de metas creativas y concretas, el profesional debe tomar en consideración los costos de oportunidad no de una manera necesariamente técnica, sino más bien de forma estratégica. Esto con el objeto de establecer el enfoque de sus esfuerzos en el día a día a medida que mejora y materializa los hábitos que le permitirán arribar al destino anhelado. El desarrollo de dichos hábitos demandará del profesional la capacidad de discernir y discriminar entre posibilidades y oportunidades. Esa habilidad le permitirá saber qué es lo mejor de lo mejor y con ese conocimiento no se dejará seducir por lo meramente bueno. Pues, estableciendo el costo de oportunidad, sabrá que lo bueno puede ser enemigo de lo mejor. O, como diría el rey Salomón, el autor del libro de Proverbios, "sabiendo cual es el sabor de la miel, lo amargo no le sabrá dulce". Pero para el que desconoce el sabor de lo verdaderamente dulce fácilmente le presentan lo amargo como dulce y cae en el gancho ya que carece de un punto de referencia que le revele la diferencia.

Se trata de la visión, no de la situación

Podemos estar en la situación más favorable para la realización de nuestro sueño entrañable, pero si carecemos de una visión concreta construida sobre la base de una fórmula creativa no podremos aprovecharla para lograr la meta que tenemos aposentada entre nuestras orejas.

Considera la manzana que le cayó a Newton en la cabeza. Sin duda, innumerables manzanas han caído en numerosas cabezas, pero solo aquella desencadenó la proeza newtoniana porque la cabeza en la cual cayó tenía una visión que en aquel momento descifró uno de los misterios más recónditos de la creación.

Otras personas a través de la historia vieron un árbol de manzana desprenderse de uno de sus frutos. Sin embargo, fue Newton quien cuestionó por qué el fruto cayó cuando del árbol se desprendió y esto lo llevó a formular lo que hoy conocemos como la Ley de la Gravitación Universal la cual ha tenido un impacto trascendental en la historia de la humanidad.

Tal cual sucede cuando vemos una necesidad o fenómeno habitual con la curiosidad de una mente inquisitiva, arada con conocimiento, proclive al emprendimiento y determinada a resolver los problemas que pululan en el contexto y circunnavegan nuestros cerebros.

Ahora, ver lo que otros no ven en las cosas que toman lugar en la cotidianidad requiere de pasión, criterio y entrenamiento. Newton no solo se estaba preguntando sobre la fuerza que existe entre los cuerpos, sino que aplicó el método científico en su gesta por encontrar respuestas a las preguntas que se estaba haciendo en su cabeza. Y para aplicar el método primero tuvo, naturalmente, que aprender el método. De modo que para avanzar hacia la materialización de cualquier meta no basta solo con querer materializarla o

> **No es que yo sea más inteligente, sino que le doy mente a los problemas hasta resolverlos.**
>
> **~Albert Einstein**

cuestionar uno que otro fenómeno de la vida cotidiana. Requiere también de cierto grado de entrenamiento que nos permita operacionalizar nuestros cuestionamientos y optimizar nuestros esfuerzos.

El mismo Albert Einstein decía que él no era necesariamente más inteligente que los demás, pero lo que lo diferenciaba de la gran mayoría era su habilidad de ponderar los problemas a través de sistemas y procesos por periodos de tiempo significativos. Los problemas que Einstein asumió en el campo de la ciencia fueron titánicos en naturaleza. Resolvió unos cuantos logrando formular la teoría especial y general de la relatividad. Cuando murió en el año 1955 estaba trabajando en lo que se conoce como la teoría de todo. Como podemos ver en el caso de Einstein así como en el de muchos otros, pensar sobre problemas de gran trascendencia al punto de resolver algunos de ellos demandan el tiempo de toda una vida. Y no se trata solo de la cantidad de tiempo, sino también de la calidad del mismo. Einstein redimió su tiempo realizando tareas relevantes que se casaban íntimamente con sus talentos. No se distraía a menudo con cuestiones foráneas a su área de experticia. Reconocía que su tiempo en esta tierra era muy limitado y por eso decidió vivir enfocado, dando pasos exactos; tratando de no pisar en falso, sino en dirección de un propósito determinado. Así dejó un legado de carácter extraordinario.

Tú, ¿estás distraído o enfocado? ¿Qué problemas estás ponderando? ¿Son los correctos? ¿Hacen uso de tus talentos? ¿Te estás quedando con ellos hasta resolverlos o los estás soltando antes de tiempo? Si estás desistiendo de ellos a destiempo es quizás porque no estás lo suficientemente motivado u otra cosa más entretenida en el instante, pero no tan importante para el progreso de tu proyecto te está distrayendo y sacándote del trayecto que lleva al éxito.

Para superar ese escollo en el desarrollo de lo que podría ser un gran logro, piensa en lo que significaría para ti, para tu país y para tu familia, que lograras materializar con éxito el proyecto que tienes almacenado en tu cerebro. Los descubrimientos de Newton y Einstein han posibilitado el lanzamiento de cohetes al espacio y la puesta en órbita de satélites en torno al planeta tierra. Los emprendimientos de Henry Ford, Thomas Edison y John D. Rockefeller masificaron la tenencia de automóviles, posibilitaron la luz eléctrica y mejoraron el refinamiento y la distribución de combustible respectivamente. Cada una de estas cosas incrementaron extraordinariamente la calidad de vida de la gente.

Más recientemente, personas como Steve Jobs, Elon Musk y Mark Zuckerberg han cambiado los hábitos de la humanidad proveyendo productos y servicios que no sabíamos que necesitábamos. Entre otras cosas, estos emprendedores le han entregado al mundo cosas como PayPal, Facebook y el virtualmente indispensable teléfono inteligente. Nadie estaba demandando esos productos frenéticamente, mas Jobs, Musk y Zuckerberg despertaron una demanda latente al hacer una oferta inteligente. Una oferta hecha y concebida no a la luz de una realidad presente, sino sobre la base de una visión de futuro cuya materialización se acelera en la medida que se hace la oferta. En otras palabras, cuando se trata de innovación, la oferta puede generar la demanda y no la demanda la oferta. Por tanto, el profesional que busca innovar no se debe conformar a la realidad o tendencia actual, sino crear lo nuevo y así ser el relevo o el ente de disrupción que desplaza a lo actual a través de la oferta de algo de mayor productividad y/o asequibilidad.

"Pero", muchos dirán, "cómo voy a ver lo que otros no ven si yo no soy como ninguno de esos titanes". Nada podría estar más lejos de la verdad pues esos "titanes" son de carne y hueso como tú y el resto del pueblo. De hecho, ni Ford ni Edison ni Rockefeller fueron a la universidad. Zuckerberg y Jobs desertaron la universidad. Ahora bien, eso no quiere decir que si tenemos la oportunidad no debemos ir a la universidad. Todo lo contrario. Las estadísticas revelan una relación positiva entre educación e ingreso. De modo que, en un sistema meritocrático, a mayor educación mayor será el ingreso que devenga un profesional. Gente como Zuckerberg, Jobs y el mismo Bill Gates desertaron la universidad, no porque despreciaran la educación, sino por el costo de oportunidad que representaba para ellos continuar estudiando a tiempo completo. ¿Qué hubiesen sacrificado? No lanzar y expandir exitosamente compañías que han impactado extraordinariamente nuestras vidas. Si ese es tu costo de oportunidad a la hora de ir a la universidad, entonces quizás tengas una justificación para desertar. Sin embargo, las experiencias de Zuckerberg, Jobs, Gates y otros, son unicornios. Es decir, son raras excepciones a la regla ya que estadísticamente las personas que devengan más ingreso y experimentan mayor progreso son los que se entrenan académicamente dentro de instituciones competitivas en la formación de profesionales relevantes para la economía cambiante y estresante de hoy en día. Dicho esto, que quede claro lo siguiente: ni los conocimientos ni los talentos ni los títulos universitarios en sí mismos producen ingresos. Es cuando estos son entretejidos con medios de producción, distribución e intercambio que son remunerados a medida que satisfacen necesidades puntuales.

Considerando esta realidad, el ser humano debe preocuparse tanto por adquirir y desarrollar habilidades y conocimientos como por formar parte de sistemas de producción, distribución e intercambio de bienes y servicios que le permitan monetizar sus activos de manera regular. Esto es de suma importancia pues todos y cada uno de nosotros consumimos bienes y servicios de forma regular. Y, consecuentemente, para que el lado consumista de la ecuación pueda sostenerse, el lado productivo debe ser igual o mayor. Preferiblemente mayor pues es produciendo más de lo que consumimos que podemos acumular riqueza la cual, en turno, podemos invertir para nuestra capacidad de producción expandir y así a nuestra comunidad bendecir con los emprendimientos, empleos y valores agregados que se generan como resultado.

El entrenamiento es la clave del mejoramiento

Incrementar nuestra capacidad de razonamiento, discernimiento, desempeño, creatividad y emprendimiento implica entrenamiento. El entrenamiento, a su vez, conlleva el establecimiento de rutinas diseñadas de acuerdo a las necesidades, capacidades y aspiraciones de la persona. Por ejemplo, si necesitas mejorar tu habilidad de comunicar con el fin de ocupar un rol de liderazgo en el mediano plazo es preciso que desarrolles un plan de entrenamiento que haga uso de tus talentos y te posicione para el éxito dentro de determinado marco de tiempo.

Para ilustrar esta tesis planteemos un caso en el cual el objetivo del entrenamiento es mejorar la habilidad de un individuo en el ejercicio de expresarse en público. Esto con el fin de incrementar su grado de influencia sobre los demás lo que, eventualmente, le permitirá tomar posesión de un rol determinado de liderazgo en el corto, mediano o largo plazo.

Digamos que el individuo a ser entrenado se llama Pablo y posee un talento natural para jugar fútbol. Jugó para los equipos de su escuela preparatoria y universidad. Ahora es profesional en el sector de servicios financieros y juega fútbol como pasatiempo los fines de semana en un club de su comunidad.

Dada su experiencia y pasión por el juego, Pablo puede fácilmente utilizar las dinámicas del mismo para comunicar ideas y a través de ellas influir a decenas, centenas y hasta miles de sus pares, superiores, súbditos y particulares dentro y fuera de su industria. ¿Cómo puede Pablo utilizar su conocimiento del fútbol para aumentar su capacidad de comunicar e influenciar? Fácil. Extrapolando del campo de juego al piso empresarial donde, como en el fútbol, triunfan los que a través del entrenamiento y el trabajo en equipo superan su debilidad y optimizan sus fortalezas.

Pablo puede extrapolar las técnicas, culturas e historias más efectivas e inspiradoras del ámbito futbolístico para comunicar una idea que lleve a determinada acción dentro de su organización. En otras palabras, puede utilizar el fútbol como puente o metáfora para presentar su visión empresarial y conquistar con ella el apoyo de aquellos que demandan un liderazgo que empodere sus sueños. De hecho, el fútbol como ilustración puede ser bien efectivo para el comunicador por la gran popularidad que tiene ese deporte en la sociedad actual. Todo el mundo sabe algo de fútbol. Aunque no sea un fanático empedernido, la persona promedio sabe lo que significa un gol y una tarjeta roja en el fútbol y por ende tal deporte puede servir como puente para difundir ideas y ejercer influencia.

Cabe señalar que el fútbol en sí mismo no es una herramienta de comunicación efectiva. Mas cobra un importante valor comunicacional cuando una persona con conocimiento y experiencia en el campo de juego lo invoca para verbalizar una idea e impactar con el ella criterio de tal o cual audiencia. Dicho de otra forma, como establece la máxima, "si la vida del que comunica no es una representación fidedigna del mensaje, el mensaje, en sí mismo, no tiene vida". Más arriba dijimos que la rutina de entrenamiento debe ser estructurada de acuerdo a la necesidad, capacidad y aspiración de la persona. En lo que respecta a Pablo, su necesidad es comunicar mejor, su capacidad extracurricular es el fútbol y su aspiración es ocupar un mayor rol de liderazgo dentro de su organización. Por tanto, el esquema de entrenamiento de Pablo debe incluir la transformación de su conocimiento y experiencia en el fútbol en aplicaciones relevantes para mejorar el desempeño de su organización. Concomitantemente, a medida que Pablo aumenta su arsenal de ilustraciones, debe trabajar en desarrollar una técnica comunicacional que se case con su personalidad y le permita verbalizar las ilustraciones con confianza, autoridad, certeza y consistencia.

Las ilustraciones son cual municiones que requieren de un arma que las catapulte con el propósito de impactar un objetivo puntual. Hay personas que tienen mucha munición en su arsenal, pero no gozan de un arma adecuada para catapultarlas con suficiente poder para al público convencer. El objeto del entrenamiento de Pablo es dotarlo tanto de la munición como del arma para que salga vencedor en la trinchera de la comunicación. En este caso, el arma es su voz mientras que la munición es su conocimiento e imaginación.

Para que Pablo pueda desarrollar y emplear el arma que le permitirá conquistar el escaño deseado, debe entrenarse a través de un circuito de ejercicios conformado de series y repeticiones. En entrenamiento físico de levantamiento de pesas, si el objetivo es ganar masa muscular la norma es hacer tres o cuatro series de pocas repeticiones por serie, levantando un peso que rete al músculo significativamente. En cambio, si la meta es definir la musculatura y aumentar el nivel de resistencia, la norma es hacer tres o cuatro series de muchas repeticiones por serie, levantando un peso relativamente liviano.

Extrapolando estos parámetros para el entrenamiento físico al diseño de la rutina de entrenamiento profesional de Pablo Román, podríamos incluir ejercicios como escritura, lectura en silencio y en alta voz, memorización y actuación. Así como el entrenamiento de levantamiento de pesas, estos ejercicios han de realizarse en series y repeticiones. Por ejemplo, la lectura se puede estructurar en tres series de treinta minutos. Una por la mañana, otra por la tarde y otra en la noche por espacio de una semana. El contenido a leerse será el mismo por toda la semana.

> Si he visto más allá es porque me he parado sobre los hombros de gigantes.
>
> ~Isaac Newton

Leer el mismo contenido varias veces al día por una semana hace el efecto que hacen en el músculo las repeticiones en el entrenamiento de levantamiento de pesas. La única diferencia es que, a través de la lectura, Pablo estará levantando palabras, ideas, definiciones, argumentos y conceptos. El efecto de estos levantamientos repetitivos y seriados será que, al cabo de un tiempo, Pablo Román tendrá una mayor capacidad de razonamiento, articulación y composición en lo que atañe a la comunicación verbal. Y, como consecuencia de ello, tendrá una mayor capacidad de organizar, influenciar y liderar en torno a una causa puntual de carácter trascendental. Lo importante no es solo el ejercicio como tal, sino también la técnica con que se realiza.

Por tanto es preciso observar y estudiar el estilo que emplean otros individuos que han logrado cierto grado de éxito en el desempeño de tal o cual ejercicio. Observarlos y estudiarlos no para copiarlos meramente. Pero sí para utilizar su experiencia como materia prima en la creación de nuestra propia marca distintiva. De hecho, como dijo Isaac Newton, los que crean cosas extraordinarias lo hacen porque se "paran sobre los hombros de gigantes".

Parémonos, pues, sobre los hombros de aquellos que han entrenado y el éxito alcanzado. Hagámoslo asumiendo el reto de superarlos. Esto no para vanagloriarnos, sino para honrar y emular el legado de los que el precio han pagado y el premio, con esfuerzo y entrenamiento, han conquistado.

De la serie y la repetición a la puesta en acción

Si bien existen personas que se someten a una ardua rutina de entrenamiento físico con el simple objeto de exhibir su musculatura, nuestra propuesta va mucho más allá de la exhibición a la ejecución de las fortalezas creadas en función de metas predeterminadas. En ese sentido, a medida que el individuo cultiva la parte creativa debe buscar y crear oportunidades para entrar en escena y allí llevar lo creativo a resultados concretos. De hecho, según ponga en ejecución a la luz pública aquello para lo cual ha entrenado en lo privado, su habilidad escalará a niveles imposibles de llegar dedicándose simplemente al entrenamiento tras bastidores.

Consideremos a Michael Jordan quien entrenaba por horas interminables. Mas, lo que hacía en la cancha de juego compitiendo con los miembros del equipo contrario y trabajando en conjunto con sus compañeros de camiseta, excedía en nivel, importancia, pasión y emoción a la dinámica que tomaba lugar en las sesiones de entrenamiento. De modo que la mejor manera de mejorar la práctica no es solo practicando, sino también ejecutando lo practicado a la hora de la verdad, cuando el contrario te quiere desplazar y el público te demanda más. Ahí se libera la adrenalina con la cual puedes pelear para triunfar, correr para sobrevivir o atemorizarte y arrinconarte en el lugar donde el contrario podría privarte del aire que tienes entre tu pecho y tu espalda; del sueño que te quita el sueño y te hace levantar de tu lecho para trabajar con empeño y lograr el éxito. Tal privación la experimentan los que no entrenan lo suficiente como para desarrollar la confianza que les permite responder inteligente y valientemente en el campo de batalla donde el que no da la talla termina olvidado en la banca. Por ello la razón de ser del sistema CLARAS[2] es empoderarte con conceptos estructurados de modo tal que estés preparado para pelear para eventualmente ganar y volver a ganar.

En esta sección te presentamos el dúo conceptual Concreto-Creativo. En la próxima desglosaremos lo que encierra la pareja Loable-Lograble. A esta y a las demás que faltan por explicar aplica el esquema de series y repeticiones introducido en esta sección. Ese modelo rutinario te permitirá asimilar y aplicar la metodología de manera sistemática y pragmática. Más aún, te permitirá ver, medir y mejorar la calidad de tus resultados en el corto, mediano y largo plazo a medida que te esfuerzas por lograr algo de carácter extraordinario.

Preguntas para concretar tu capacidad de crear:

¿Constituye tu orgullo un obstáculo a la cultivación y manifestación de tu creatividad? ¿De qué manera? ¿Cómo superar ese escollo al desarrollo de tu capacidad imaginativa y habilidad creativa?

_____

_____

_____

_____

¿Qué otras cosas te impiden llevar tu talento creativo al plano de lo concreto donde la idea se convierte en proyecto?

_____

_____

_____

_____

¿Cuál es el costo de oportunidad (mejor alternativa) a la actividad que realizas en la actualidad?

_____

_____

_____

_____

¿Qué cuota de tu día le dedicas a la consideración de lo invisible e intangible; de las ideas; de las creencias; de las actitudes y las virtudes que dan lugar al mundo físico que se puede palpar y con los ojos contemplar? ¿Es suficiente? ¿Eficiente? ¿Qué puedes cambiar para mejorar este asunto en particular?

IDEAS

(CLARAS)²

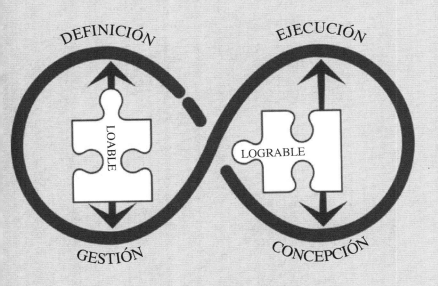

Proyectos loables;
RESULTADOS PERDURABLES

". . . todo lo que es de buen nombre; si hay virtud alguna, si algo
digno de alabanza, en esto pensad".
Filipenses 4:8

Las ideas deben ser fuentes de inspiración no solo para las personas que las persiguen, sino también para aquellos que son testigos del proceso que culmina en la obtención del premio. De esa manera el ser humano no nada más creará conciencia del precio que tiene que pagar para el premio poder degustar, sino que también se establecerá metas cuya realización pueda motivar a otros a tomar acción en pro del mejoramiento de tal o cual situación. Tomando esto en consideración, el emprendedor se debe trazar metas que lo inspiren y que lo reten, pero que, a su vez, se puedan lograr tomando como punto de partida su realidad actual. Si bien es cierto que materializar una idea que inspira y que reta tiene el potencial de cambiar la realidad, es preciso que la persona primero reconozca su realidad para después mejorarla y transformarla ya que sin un reconocimiento, entendimiento y aceptación de la situación en la que estamos no podemos avanzar hacia una mejor longitud y latitud del desarrollo humano. Es por eso que considero que nuestras ideas deben ser tanto loables como logrables.

Para cerciorarnos de que nuestros objetivos sean verdaderamente logrables tenemos que identificar qué es lo que necesitamos para materializarlos. Con esa información a la mano debemos preguntarnos cómo conseguir y combinar los insumos que resultarán en el producto que queremos crear dentro de un periodo de tiempo predeterminado. Con esa información a nuestra disposición podremos enfocar nuestra gestión en los lugares donde es más probable que consigamos aquello que necesitamos para materializar la meta que anhelamos.

Identificar dichos lugares juega un rol de suma importancia en la práctica de llevar una idea a la acción y con ello provocar una transformación. A los expertos en materia inmobiliaria les gusta decir que las tres cosas más importantes a la hora de comprar una propiedad son locación, locación, locación. Algo similar se podría decir en lo que atañe al proceso de llevar una idea a la acción ya que si nos ubicamos en el lugar idóneo, en el tiempo preciso y con la preparación adecuada para realizar tal o cual oficio lograremos materializar la meta que queremos. La ausencia de uno de estos elementos contrarresta significativamente nuestra habilidad de desempeñarnos extraordinariamente en la carrera por materializar las ideas que hilvanamos en nuestra cabeza.

> **Nuestra presencia en el lugar idóneo, en el tiempo preciso y con la preparación adecuada puede marcar la diferencia entre lograr o no lograr la meta.**

Por lo antedicho, los factores fundamentales que debemos evaluar a la hora de trazarnos metas logrables son los de tiempo, espacio, capital, trabajo y organización. En lo que respecta al tiempo, en principio, siempre tendremos menos. Las manecillas del reloj son imparables; las temporadas vienen y van; el sol sale, se pone y el tiempo implacable así se impone. En otras palabras, mientras más tiempo pasa, menos margen nos queda para materializar nuestras metas. Esto, a pesar de sonar algo fatalista, nos crea un grado de conciencia que nos lleva a tomar decisiones sistemáticas y estratégicas en torno a la selección, gestión y administración de nuestras tareas.

Conscientes de que hoy es el día de nuestras vidas en el que gozamos de más tiempo para realizar nuestros proyectos tendremos una menor tendencia a malgastar esfuerzos en cosas vanas que no inciden positivamente en la dinámica de materializar la visión que tenemos dibujada en nuestra mente y corazón. Al leer esto quizás dirás "pero hoy no parece el día en que más tiempo tengo para realizar mis sueños". Y es cierto. Si eres como la mayoría de las personas, es muy probable que estés hasta las narices con compromisos en el ámbito profesional, familiar, empresarial y/o social; compromisos que te mantienen ocupado, pero no necesariamente enfocado en aquello que podrías lograr si administraras tu tiempo en función del aprovechamiento óptimo de tu talento en vez de utilizarlo simplemente para buscar el sustento de una vida donde tus sueños y potencial se quedan marginados y tristemente sub-utilizados. Allí están - tu talento y tu potencial - donde no les pones caso pues tu mirada está puesta en la urgencia que te presenta el sistema. Sistema que eventualmente te desecha cuando de ti no puede extraer más fuerzas. Así es; te desecha. Y es ahí, cuando ya el sistema no te pone caso, que te percatas del ineludible ocaso, de que mañana habrá menos tiempo y hoy es el día en el que gozas de más tiempo por el resto de tu vida. Esa es la verdad. Nunca antes en la historia de tu vida ha sido más tarde que hoy. Mañana, con el favor de Dios, será otro día y, si llegas a verlo, tendrás menos tiempo que ahora para realizar esfuerzos en pro de la realización de las metas con las cuales sueñas.

Por tanto, una de las cosas que te quiero decir a través de estas líneas es que aproveches este momento, cada aliento, cada ápice de talento para realizar el proyecto que tienes albergado en tu cerebro y en lo blando que escondes debajo de tu pecho bravo. En ese sentido, procede resoluto a que cada hecho de tus manos sea de provecho y que cuando te toque postrarte en el lecho puedas decir con cero despechos "ya todo está hecho y ahora entro en el descanso del Eterno".

Todo esto suena muy bien, pero entre lo dicho y lo hecho existe un gran trecho. En aras de acortar ese trecho hablemos sobre cómo administrar bien el factor tiempo de modo que tengamos más de ese recurso no renovable para lograr nuestras metas más entrañables trabajando inteligentemente aun en medio de dificultades; trabajando de modo tal que para generar cierta cantidad de producto lo podamos hacer utilizando menos insumos. Cabe decir que cuando hablo de insumos me refiero nada más y nada menos que a todo aquello que utilizamos para realizar determinado trabajo. En esta instancia nos vamos a enfocar específicamente en el factor tiempo. Sin embargo, dicho factor es, a su vez, representativo de trabajo y capital.

Uno de los objetivos primordiales en la buena administración del tiempo es reducir la cantidad de ese recurso que consumimos para realizar determinada tarea. En la medida que reducimos el tiempo necesario para realizar tareas neurálgicas expandiremos la frontera de lo lograble y, en un mismo respiro, le podremos prestar más atención a materializar cosas de carácter loable y perdurable. Es decir, cosas que antes eran imposibles entrarán en el radio de lo posible gracias a que ahora, debido a las herramientas tangibles e intangibles que tienes en tu haber, puedes liberarte de la realización de ciertas tareas monótonas y realizar actividades consecuentes con un mayor enfoque y rendimiento por unidad de tiempo.

De hecho, ¿qué hacen las máquinas en sentido general? Automatizan. Es decir, realizan tareas repetitivas de manera independiente al punto que muchas de las máquinas modernas requieren poca o ninguna asistencia del ser humano para realizar las tareas para las cuales fueron programadas. Por tanto, cuando una máquina te libera de una tarea repetitiva lo que hace es que te empodera para realizar tareas creativas y, consecuentemente, más significativas.

La máquina lavaplatos, por ejemplo, reduce significativamente el tiempo que empleas en limpiar los utensilios de la cocina de modo que puedas dedicar una mayor cuota de tu día a actividades más productivas que estén en sintonía con la materialización de la meta que mejorará tu vida y la de tu familia. Algo similar hace la agricultura, la lavadora de ropa, el automóvil, el celular y la computadora. Sin embargo, la verdad es que muchas veces no tendemos a utilizar el tiempo extra que tenemos gracias a la tecnología para desarrollar tareas de carácter loable en nuestras vidas. Estadísticas demuestran que el individuo promedio tiende a distraerse más a medida que aumenta la automatización y la oferta de información. Esto, debido a que en esta era digital hay muchas más cosas demandan-

> **Cuando una máquina te libera de una tarea repetitiva, te empodera para realizar tareas creativas y, por tanto, más significativas.**

do nuestra atención e invitándonos a que ejecutemos una serie de acciones que no necesariamente se corresponden con nuestro propósito y las metas que queremos lograr.

Dado el hecho que prestar atención requiere de una inversión de tiempo, al haber más cosas demandando nuestra atención estamos más propensos a perder tiempo considerando ofertas y tomando acciones que poco aportarían a mejorar nuestra condición, pero que se podrían, si se lo permitimos, adueñar de una tajada significativa de nuestras vidas por el hecho de que son entretenidas y están entretejidas en la cultura popular que pulula por las venas de la sociedad actual. Por tanto, es preciso que discriminemos en lo que respecta a qué cosas le prestamos atención. Si no lo hacemos disciplinadamente y sobre la base de una estructura que inspeccione la calidad en la fuente, perdemos mucho tiempo y con ello la posibilidad de materializar nuestros más anhelados proyectos.

> **Si empezamos algo sabiendo que no está en sintonía con nuestros valores y destino perderemos tiempo preciado en la tediosa labor de enmendar desatinos.**

¿Qué quiero decir con discriminar de manera disciplinada e inspeccionar la calidad en la fuente? Simplemente que no debemos utilizar nuestro tiempo de manera arbitraria y que las cosas que hagamos deben estar en correspondencia con el fin que anhelamos desde el principio. Si empezamos algo sabiendo que no está en sintonía con nuestros valores y destino perderemos tiempo preciado en la tediosa labor de enmendar desatinos. Esa labor es similar a la de separar el trigo de la cizaña. Dado que es difícil distinguir una cosa de la otra en las etapas iniciales de su desarrollo, es preciso esperar a que la cizaña crezca junto al trigo al punto que uno se distinga del otro. En esa etapa, con la habilidad de distinguir lo malo de lo bueno, el dueño de la cosecha separa una cosa de la otra y a fin de cuentas quema lo malo y aprovecha lo bueno. La idea con la inspección en la fuente es evitar que la cizaña entre en el proceso de producción de modo que no haya que emplear tiempo, talento y esfuerzo esperando que lo no deseado se desarrolle junto a lo deseado para después separar una cosa de otra con el fin de quemar lo uno y aprovechar lo otro.

La fracción del tiempo

En tu gesta por bien-administrar el factor tiempo con el objeto de expandir el radio de lo lograble en tus prácticas loables, el objetivo es incrementar la cantidad producida por hora de trabajo. ¿Cómo se logra esto? En términos generales, a través de tres cosas: la simplificación de tareas, la eliminación de desperdicios y el establecimiento de equilibrio. Esto no es otra cosa que la institución de lo que los ingenieros industriales llaman una estructura esbelta. Este concepto de la efectividad y la eficiencia es mejor conocido como lean manufacturing. En las plantas de producción se aplica a través de una metodología denominada 5S. La misma comprende cinco pasos. Los enuncio a continuación:

1. Clasificar.
2. Organizar.
3. Limpiar.
4. Estandarizar.
5. Sostener.

Estos cinco pasos son una traducción al castellano de las 5S que originalmente están en inglés y en japonés. A partir de esta traducción podríamos referirnos a las 5S como la metodología COLES. COLES vendría a ser, naturalmente, un acrónimo de los cinco pasos de la metodología. En Japón, a lo que resulta a partir de la aplicación sistemática de COLES se la llama Kaizen. Esta palabra significa mejoramiento continuo o cambio para bien. Por tanto, la aplicación de COLES en la dinámica de expandir la frontera de lo lograble en el ámbito de las metas personales y empresariales busca encauzar un proceso de mejoramiento donde tanto el individuo como el equipo pueda lograr más con menos. En otras palabras, Kaizen busca reducir la cantidad de materia prima (tiempo, esfuerzo, dinero) que se utiliza para entregar una unidad de determinado servicio o producto. Por tanto, Kaizen a través de COLES busca lograr los tres objetivos que mencionamos más arriba: eliminar desperdicios, simplificar tareas y crear equilibrio.

COLES y Kaizen podrían ser catalogados, por tanto, como partes de una misma cosa. Kaizen, si se quiere, es la semilla; COLES el árbol. En lo que a los frutos respecta, como son según la semilla, también se denominarían Kaizen, pero en su manifestación material y degustable. La clave para dar más y mejores frutos es estar en un proceso de organización constante. De hecho, de eso se trata COLES. Para entenderlo con mayor profundidad, a continuación, paso a describir cada paso:

Clasificar

Clasificar conlleva separar y la separación es el primer paso en el proceso de organización de un ente que, hasta ese momento, por una razón u otra, carecía de un sistema que focalizara su fuerza en la realización de tareas específicas. El proceso de clasificación es uno que trae emparejado consigo la categorización de cosas según su aspecto, origen y/o destino. Para comparar, clasificar y, eventualmente, potenciar una cosa es preciso nombrarla en correspondencia con la esencia de su naturaleza. Algunos de los criterios que podríamos emplear a la hora de clasificar son: malo, bueno, urgente, importante, ahora, mañana, corto plazo, largo plazo, pendiente, finalizado, en proceso, etc.

Organizar

Después de separar un todo y agrupar las partes individuales que lo conforman según su rango y su clase, es preciso organizar las partes individuales de modo tal que operen según su función y en fidedigna conexión con el objetivo central del sistema como tal. Puesto de manera simple, imagina que después de haber clasificado cientos de expedientes alfabéticamente según la primera letra del apellido de la persona que figura en los documentos, cristalizas los datos de ese expediente con el objeto de transformar los mismos en información relevante para la toma de una decisión que redunde en la generación y asimilación de un valor específico.

Limpiar

Considerando que la operación del sistema conlleva movimiento y el movimiento expone al sistema a dinámicas que alteren su nivel de organización, es imperioso que se lleven a cabo procesos de brillo y limpieza para mantener y mejorar el orden establecido en las primeras dos fases de COLES. Siguiendo con el ejemplo de la organización de expedientes, después de haberlos clasificado y organizado puedes proceder a limpiarlos eliminando documentos que, bajo ciertos criterios, han pasado a ser irrelevantes.

Estandarizar

Para garantizar un crecimiento armónico en el sistema, es necesario que la fase de clasificación, organización y limpieza se apliquen con entereza a través de todas y cada una de las partes individuales que conforman el todo. Por tanto, una vez se diseñe y se compruebe la efectividad de un proceso es preciso se aplique a través de todo el sistema con la elaboración de un manual y un programa de capacitación para el personal que operan el sistema.

Sostener

Una vez ejecutados los primeros cuatro pasos es preciso sostenerlos de modo que el crecimiento generado por ellos se convierta en una dinámica de desarrollo balanceado con un horizonte de tiempo en el mediano y largo plazo.

Dicho esto, la metodología COLES debe visualizarse no como un segmento que empieza y se termina, sino como una espiral ascendente que cuando parece terminar reanuda su búsqueda del Kaizen para que la empresa avance y sea siempre mejor que antes. Por tanto, si consideras que las operaciones de tu vida y empresa puedes mejorar aplica esta metodología de manera integral y sostenida. El mejoramiento no será extraordinario en el corto plazo, pero, si aplicas la metodología de manera continua, eventualmente verás un cambio positivo en el orden de lo significativo. La clave está en la continuidad y en la disciplina procesal pues es a través de los procesos que toma lugar el crecimiento que caracteriza a las personas y organizaciones de alto rendimiento. Lo demás, eso de las historias de éxito que se materializan de la noche a la mañana, son puros cuentos. Para lograr el verdadero éxito no existen trucos. Lo que funciona es el trabajo disciplinado con un enfoque en el largo plazo.

Establece jerarquía de prioridades

Siguiendo el espíritu del sistema COLES, una de las primeras cosas que debemos hacer en nuestra gesta por administrar bien el tiempo es crear una jerarquía de prioridades. Esto no es otra cosa que una estructura a través de la cual evaluamos la importancia de las diferentes tareas que tenemos sobre la mesa. Para determinar el nivel de importancia debemos considerar el impacto que tiene la realización de cada tarea en nuestro bienestar en el corto, mediano y largo plazo.

Sabemos que dado el carácter de urgencia que tiene el presente en el día a día, tendemos a asignarle una porción desproporcionada de nuestro tiempo a tareas que inciden en nuestro bienestar actual. Las que inciden en nuestro bienestar potencial son frecuentemente soslayadas. En las raras ocasiones que les prestamos atención, usualmente estas actividades se llevan una tajada relativamente insignificante de nuestro tiempo y así sucede por mucho tiempo hasta que se nos acaba el tiempo.

Lamentablemente no es sino hasta que respiramos nuestros últimos alientos que pensamos en todo el tiempo que le debimos haber dedicado a realizar nuestro potencial creativo más allá de enfocarnos en la urgencia de la inmediatez que nos lleva a hacer lo mismo una y otra vez al punto que nunca tenemos margen para poner al derecho lo que en nuestra vida está al revés. Por tanto, es preciso que tomemos agencia en ponerle freno a esta tendencia que tenemos de enfocarnos en la urgencia de modo que apliquemos nuestro talento en cosas de trascendencia que pongan de relieve la excelencia de nuestra esencia. Para lograr esto recomiendo depurar las tareas cotidianas en tres categorías las cuales, a su vez, deben estar entrelazadas entre ellas. Esas categorías son HOY, MAÑANA y SIEMPRE. La idea detrás de esta categorización es clasificar las tareas a realizar de acuerdo a la fecha cuando deben estar realizadas en toda su plenitud. Lo ideal es que las tareas de hoy y mañana estén conectadas con las de siempre. Así se establecerá una especie de sinergia, integralidad y dirección en cada acción ejecutada en la vida cotidiana. De esta manera si las tareas en las dos primeras categorías (hoy y mañana) están conectadas a la tercera (siempre) entonces el tiempo que la persona tiene en su haber tendrá mucho más poder puesto que el esfuerzo realizado en la realización de las tareas de hoy tendrán un efecto positivo en las tareas de mañana y, consecuentemente, en las de siempre. Esto, a fin de cuentas, redunda en una mayor productividad por unidad de tiempo gracias a la alienación de las actividades que realizamos hoy con los resultados que queremos tanto en el tiempo presente como en el futuro subsiguiente.

En cambio, si las tareas que se desarrollan bajo las mencionadas categorías de hoy, mañana y siempre están desasociadas unas de las otras entonces la productividad será promedio o por debajo del promedio. E igual de promedio serán los resultados obtenidos en el mediano y largo plazo.

Curiosamente, si bien la productividad bajo este esquema de falta de alienación es promedio, el esfuerzo empleado podría estar muy bien por encima del promedio debido al hecho de que el individuo con una agenda de tareas desalineadas tendrá que trabajar el doble o el triple de lo que trabaja un individuo alineado para obtener el mismo resultado.

Levántate temprano

Uno de los hábitos más eficaces para transformar lo imposible en lograble y lo lograble en loable es levantarse temprano, antes de que entre en vigor el tráfico de las urgencias y la distracción de las apariencias que carecen de esencia. Temprano la mente capta frecuencias que en las horas pico, por la congestión, no alcanzan nuestro radio de alcance y acción. Cabe señalar que por temprano me refiero no necesariamente a las horas de la mañana per sé, sino a los momentos en los cuales el individuo puede aprovechar bien tanto su tiempo como su talento con el objeto de mejorar su desempeño. Para algunos las mañanas representan esos momentos. Esto debido a que es durante horas de la noche que la mayoría dormimos. En la mañana nos levantamos con fuerzas renovadas, mas, como tendemos a levantarnos justo a tiempo para cumplir con la agenda, no tenemos espacio para dedicarle tiempo a la disciplina del pensamiento, del estudio, del debate interno, de planificar para en el futuro emprender nuevos vuelos y trillar inéditos terrenos.

Viviendo justo a tiempo, la primavera de nuestras vidas se convierte en verano, el verano en otoño y el otoño en inverno. Allí, con la tierra enhielada, se hace difícil sembrar, aunque abunden las semillas. Allí, con la pista congelada, se te hará cuesta arriba patinar y hendir el viento con tu andar pues en esa etapa no tendrás las fuerzas para desplazarte, caerte, levantarte, reincorporarte y continuar patinando con más pasión y energía que antes. Por tanto, no vivas tarde, ni simplemente justo a tiempo. En cambio, vive temprano con el tiempo necesario para lograr lo extraordinario laborando todos los días antes de adentrarte en la urgencia de la agenda.

Vive temprano, antes de que el huracán de los compromisos entre con toda su fuerza en los territorios de tu mente y corazón. Así, viviendo temprano, podrás constituirte en un verdadero estudiante del éxito pues tendrás tiempo de investigar antes de que se materialice el durante. Con tiempo para estudiar podrás pensar con el objeto de simplificar tareas, eliminar desperdicios y establecer el equilibrio. Es antes que tienes la oportunidad de prepararte. En "el durante" pones en práctica lo que pensaste e hiciste en "el antes" y en "el después" que sucede "el durante" reflexionarás para mejorar el próximo durante.

Dicho de otra forma, sin un buen antes no habrá un buen después. Eso no quiere decir que tu antes tiene que determinar tu después. Creo firmemente en la renovación que surge a partir de un cambio de mentalidad y cómo a partir de ella se puede crear una realidad mucho mejor que la que predominó en un pasado lejano o cercano. Sin embargo, para que esa mejor realidad se comience a materializar tiene que suceder un cambio de lo malo a lo bueno y de lo bueno a lo mejor. Ese es el buen antes que caracterizo como imprescindible para que suceda un buen después. En esos antes podemos hacer un cambio radical del tipo que nos lleva al lugar donde por fe y con fe podemos declarar "que las cosas viejas pasaron y he aquí todas son hechas nuevas".

Usualmente ese cambio radical toma lugar en un momento decisivo, en un lugar y día específico de nuestras vidas. Ahora bien, para que ese cambio radical en nuestra manera de pensar provoque un cambio transformacional en nuestro modo de actuar e interactuar debe estar sucedido por cambios incrementales que tomen lugar todos los días en nuestro andar como individuos determinados a crecer no para beneficio propio exclusivamente, sino principalmente para bendecir a la colectividad en sentido general. Cabe señalar que con cambios incrementales me refiero a la ejecución de acciones sistemáticas que se correspondan con el cambio radical en la manera de pensar y que, consecuentemente, conduzcan al individuo al cumplimiento del propósito que le dicta la filosofía que rige su pensamiento. Estos cambios son incrementales por el hecho de que toman lugar poco a poco, todos los días y, a pesar de parecer insignificantes vistos día por día, al cabo de las semanas, meses y años habrán logrado un cambio extraordinario.

Un día no es suficiente para completar el año. Se necesitan trescientos sesenta y cinco para cumplir el ciclo de traslación en torno al sol. Así que en el camino hacia la expansión de tus capacidades no te desesperes. Sé paciente y consistente procediendo incrementalmente en una dirección que te lleve de lo bueno a lo mejor a completar y a reanudar el ciclo en torno al sol. Eso es en torno a tu propósito de ser bendecido con el objeto de ser de bendición y provocar en ti y en otras personas una transformación en sintonía con el llamado a la excelencia que tenemos todos y cada uno de nosotros en nuestra esencia.

Al decir esto se hace obligatorio mencionar que si bien todos tenemos ese llamado a la excelencia latente en la esencia de nuestra existencia, también tenemos una tendencia a la malevolencia y si no la crucificamos con la Palabra de Verdad nuestra posibilidad de triunfar se contrarrestará significativamente. Por tanto, es preciso que mantengamos esa tendencia en jaque a medida que entramos en mayores dimensiones de lo *lograble*. Al decir mayores dimensiones de lo lograble me refiero a más conocimiento, más capital social y financiero, más autoridad e influencia para hacer más con menos y lograr un impacto verdadero e imperecedero. Si no mantenemos la ya mencionada tendencia a la malevolencia en jaque y le hacemos, eventualmente, un jaque mate, los avances alcanzados a lo largo del radio de lo lograble pueden desaparecer en un instante. Y, peor aún, lo mucho o poco que logremos no llegará a ser realmente loable y perdurable. En síntesis, es haciendo las cosas temprano y no tarde o meramente justo a tiempo que uno genera el margen que nos permite ganar la carrera en la vida y más allá de la vida.

El autor de estas líneas intenta vivir tal cual, llegando temprano al lugar de las oportunidades y de las debilidades, de las fortalezas y de las amenazas. En turno, utilizo el margen de tiempo que me regala ese hábito para conectar con aquel que me creó y aliento de mi vida me dio. La conexión la establezco a través del estudio de Su Palabra que redime mi vida y alimenta mi alma con la sustancia de la Verdad que me permite pensar y actuar de acuerdo a aquello que antecede y sobrepasa lo material y que, por ende, le inyecta significado trascendental a la dinámica terrenal. Esa sustancia encauza el tiempo y el talento de la creación de modo que la misma opere en sintonía con la sinfonía del Creador; sinfonía que culmina en perfección y bendición a pesar de los escollos y desaciertos que experimentamos todos en el trayecto hacia el éxito.

IDEAS
(CLARAS)²

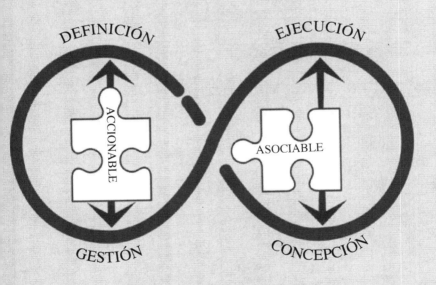

DEFINICIÓN   EJECUCIÓN

ACCIONABLE   ASOCIABLE

GESTIÓN   CONCEPCIÓN

ACCIÓN EN ASOCIACIÓN

LOGRARANDO EL CAMBIO CON TRANSFORMACIÓN

Lo que no se ejecuta no crece y lo que no crece desaparece. ¿Y cómo se crece? Nada más y nada menos que con conocimiento y con gente.

Pregunto, ¿te montarías en un avión cuyo piloto sepa despegar y acelerar, pero no aterrizar? Si valoras tu vida en lo más mínimo tu respuesta sería "de ninguna manera". Lo mismo sucede con las ideas y las metas. Nadie se montará en ellas si el que las articula no las desarrolla de modo que satisfagan una necesidad puntual y una vez satisfecha la necesidad puedan despegar nueva vez hacia los etéreos y turbulentos cielos del emprendimiento.

Reconociendo la importancia que tiene poder "aterrizar el avión", el tercer dúo conceptual de la metodología CLARAS[2] comprende el conjunto accionable-asociable. El elemento accionable juega el rol de evaluar la idea o la meta en lo que respecta a cuán efectivamente el individuo puede actuar en pro de su materialización dentro de un marco de tiempo razonable. A diferencia del elemento lograble introducido en el capítulo anterior, el accionable evalúa el poder de ejecución y no meramente las posibilidades de producción según las dotaciones del profesional o emprendedor. Por ejemplo, un avión tiene la posibilidad de volar, pero sin un piloto que lo pueda manejar no puede llevar a efecto esa posibilidad. Tampoco podría hacerlo si carece de gasolina o una pista de despegue que le permita coger el impulso necesario para desafiar la gravedad y comenzar a volar.

Algo similar pasa con un individuo que tiene amplias posibilidades, pero carece de la habilidad de materializar muchas de ellas debido a que le hacen falta elementos importantes para ir de las ideas a los hechos. Por tanto, a la hora de evaluar cuán accionable es una idea lo que se busca es establecer un enfoque donde el individuo se concentre en las posibilidades sobre las cuales puede y debe actuar de modo que no pierda tiempo en aquellas que, por el momento, puede solo contemplar.

El poder de saber una sola cosa

Esencialmente, el elemento accionable nos llama a ser como el erizo, animal que, como establece el poeta griego Arquíloco, sabe solo una cosa muy importante y esa cosa es usar sus púas para protegerse en la eventualidad de un ataque. Mientras el erizo sabe solo una cosa, el zorro, argumenta el poeta, sabe muchas cosas, pero a la hora de ser atacado no sabe qué hacer pues la multitud de opciones que aposenta en su cabeza lo dejan indeciso en el momento decisivo. Así el zorro se deja aniquilar por el depredador que lo ataca con determinación. El depredador, por su parte, aprovecha la indecisión del zorro para ejecutar su plan de acción que no es otra cosa que hacer del animal indeciso un suculento occiso.

De su lado, el erizo cuando viene el enemigo queriendo comérselo vivo sabe hacer una sola cosa: enrollarse formando una esfera casi perfecta que proyecta, a su vez, sus púas afiladas en todas direcciones creando una especie de manto protector que deja sangrando y llorando a cualquier depredador que ose meter su hocico en el cuerpo del mamífero. Así este es más efectivo que el zorro ya que a pesar de saber una sola cosa la lleva a cabo efectivamente; especialmente en situaciones de alta presión, donde el peligro acecha y existe poco margen de tiempo para actuar y la vida rescatar.

Con este ejemplo, el punto principal que quiero ilustrar es que en el ejercicio del liderazgo es preferible tener pocas ideas accionables que muchas contemplables. Refiriéndose al comportamiento del zorro y del erizo, el filósofo ruso-británico Isaiah Berlín compara al primero con una fuerza centrífuga mientras al segundo lo asemeja a la fuerza centrípeta.

> **En el ejercicio del liderazgo es preferible tener pocas ideas accionables que muchas contemplables.**

Como explican las ciencias físicas, la primera es una fuerza que huye del centro mientras la segunda es una que se dirige al centro. Por tanto, un erizo, plantea Berlín en términos figurativos, procede en torno a una "visión central, singular y sistematizada que sirve cual principio ordenador en función del cual tienen sentido y se ensamblan los acontecimientos históricos y los menudos sucesos individuales".

A diferencia del erizo, el zorro parte de una multitud de centros hacia fuera en centrifugado. En otras palabras, el zorro tiene más de un enfoque y a partir de esos enfoques se desenfoca pues a medida que se comienza a mover en sentido circular el contenido del centro se dispersa a través y más allá del radio de la circunferencia que comprende la influencia del que pone en operación la fuerza.

Para entender plenamente cómo opera el sistema de pensamiento del zorro, consideremos una lavadora lavando ropa. Cuando entra en el ciclo que se denomina como el del centrifugado, la máquina opera a alta velocidad en sentido circular. Esto causa la materialización de una fuerza centrífuga que tiene suficiente ímpetu como para hacer que la ropa "huya del centro" y se pegue a la pared del tambor. Pero no solo eso, la fuerza centrífuga hace que el agua de la ropa empapada también huya del centro, pero, a diferencia de la ropa, la misma va más allá de la pared del tambor y se escapa por los orificios que están a través de esa superficie.

Tal cual sucede con nosotros cuando pensamos y actuamos como zorros. El contenido de nuestro tambor, llámese nuestra vida, mente y corazón, se fuga del centro y más allá de nuestro radio de operación cuando la sustancia de nuestro esfuerzo se diluye por orificios subrepticios que comprometen la productividad de nuestro oficio. Estos orificios no son otra cosa que distracciones que hacen uso de nuestro tiempo y nuestro espacio y nos alejan, rápido y despacio, del centro de nuestra visión que es lo que nos impulsa a transformar la idea en acción procediendo en una dirección.

Por tanto, si quieres materializar la idea que tienes en tu cabeza, no te distraigas con aquello que te invita a fugarte del centro. En cambio, abraza todo elemento que te ayude a avanzar centrípetamente hacia la meta o idea que hace uso intensivo de tu talento. Talento que es, en efecto, la conjugación de los recursos que te hacen único y capaz de lograr algo especial para beneficio de la humanidad.

Así como explicamos la naturaleza de la fuerza centrífuga haciendo referencia al funcionamiento de una lavadora, seguido, describiremos la dinámica centrípeta a través del fenómeno que toma lugar cuando se drena un fregadero con agua a punto de rebosar. En tal circunstancia, una vez se remueve la tapa del drenaje se desencadena un movimiento circular en sentido de las manecillas del reloj hacia el centro de lo que provoca el movimiento. ¿Y qué provoca el movimiento? En principio, la fuerza de gravedad que hala el agua hacia el drenaje que, a su vez, funge cual válvula de escape que permite que el líquido fluya de un lugar de alta presión a uno de menos presión. Esto, figurativamente hablando, equivale a lo que sucede cuando el erizo se enrolla y utiliza sus espinas para sortear la amenaza que le representa un animal de caza. Digamos que el agua representa la vida del erizo y la tapa del drenaje su mecanismo de defensa. Una vez el erizo siente que su vida está en peligro hace una sola cosa: remueve la tapa del drenaje y escapa del peligro en prácticamente un solo respiro. Es como si se lo tragase la tierra para protegerlo de la fiera que quiere al erizo clavarle sus dientes y sus espuelas.

El zorro, en cambio, sabiendo muchas cosas no tiene un drenaje central y, por eso, muchas veces no logra escapar de manera eficaz a pesar de la multitud de orificios que existen a través de la pared del tambor según lo explicado en el ejemplo anterior. Ante tal predicamento uno se preguntará ¿por qué si el zorro tiene tantas estrategias de escape no logra escapar? La repuesta a esa pregunta puede estar, quizás, en el hecho de que, dada su naturaleza centrífuga, las estrategias del zorro están lejos del centro. Esto significa, por un lado, que al zorro le tomará cierta cantidad de tiempo para desplazarse del centro hacia una de las válvulas de escape (estrategias) que tiene en la periferia. Ese tiempo puede tenerlo o no tenerlo dependiendo del origen geográfico de la oportunidad o amenaza que se le presente a medida que se desenvuelve. El erizo, por su lado, no tiene ese problema porque la estrategia está en él y es él, de modo que la puede ejecutar al instante sin necesidad de desplazarse de un lugar a otro como lo hace el zorro.

Cabe señalar, sin embargo, que, si bien el erizo sabe una sola cosa, para ser efectivo debe estar lleno de esa cosa pues, a fin de cuentas, para que la remoción de la tapa del drenaje desencadene el movimiento centrípeto de marras, la preexistencia de agua en el fregadero es una condición sine qua non. Esto quiere decir, simplemente, que la visión central, singular y sistematizada a la que se refiere el filósofo Isaiah Berlín no se puede articular y llevar a efecto en el vacío. Requiere de la preexistencia de una materia que la fuerza centrípeta pueda movilizar hacia un centro específico de gravedad donde el drenaje pueda tomar lugar. ¿Qué vendría siendo esa materia? Tus talentos, el entrenamiento, la preparación, las personas valiosas que tienes en tu derredor. ¿Cuál constituiría el centro de gravedad? Nada más y nada menos que tu propósito; tu visión; tu vocación.

Siendo el objeto del elemento accionable, y de la metodología CLARAS^2 como tal, aterrizar el proceder del profesional en ámbitos donde pueda mejorar su esencia e incrementar su influencia, es preciso que, a partir de las lecciones aprendidas del zorro y del erizo, desarrollemos una visión central hacia la cual podamos operar y desde la cual podamos despegar para después allí mismo aterrizar. Eso no quiere decir en lo absoluto que debemos mantenernos al margen de cultivar la diversidad en nuestra vida profesional y más allá. Por el contrario, cultivar la diversidad nos hace más efectivos y certeros a la hora de actuar. Pero – y este es un pero muy importante -, es imperioso cultivar esa diversidad desde y hacia la unidad de criterio. Principalmente en lo que atañe a quiénes somos, por qué somos, dónde nos encontramos y hacia dónde vamos. Si no hacemos esto – eso es hilvanar la diversidad en la unidad de criterio -, entonces todo el esfuerzo hecho correrá el peligroso riesgo de culminar en nada, así como terminó el zorro que sabía mucho y se quedó con nada. Como dicen, sin el pito y sin la flauta.

Contextualizando lo accionable

Al hablar de ideas accionables es importante considerar el elemento loable pues existe todo un universo de ideas accionables que son concomitantemente deplorables y, por tanto, no se deben llevar a cabo aun cuando ellas generen lo que pueden parecer buenos resultados. Ante esta afirmación preguntarás, ¿cómo así que existen ideas deplorables que generan buenos resultados? ¿No es eso un contrasentido puro y simple? ¿Cómo una idea deplorable puede dar paso a buenos resultados? Para contestar esas interrogantes basta considerar que es posible obtener riqueza, acumular poder y experimentar placer haciendo lo incorrecto. Esto lo evidencia la realidad insoslayable de que el que roba busca dinero, el que fornica y adultera, placer, y el que miente y hace trampa busca encaramarse en una oficina de poder.

Tales personas buscan lo correcto (poder, placer, dinero) incorrectamente (mintiendo, robando y fornicando). Ahora, si bien es cierto que muchos obtienen poder, placer y dinero haciendo lo incorrecto, no es menos cierto que cuando estos buenos resultados se obtienen por medios abominables, tales resultados se revierten en detrimento de aquel que por un momento creyó haberse burlado de la ley de siembra y cosecha. Eso es tan cierto como que en este momento estás leyendo estas palabras. Pues, ciertamente, no se equivocó el salmista cuando esgrimió "que la senda de los malos perecerá" y que "al malo lo matará su propia maldad". ¿O acaso segará bondad el que sembró maldad? De ninguna manera, mas, como establece Oseas 8:7, los que "sembraron viento, torbellino segarán: no tendrán mies, ni el fruto hará harina; y si la hiciere extraños la tragarán".

Entonces, siendo CLARAS^2 una metodología interactiva, integral, ética, moral y funcional, cuando hablamos de ideas accionables-asociables lo hacemos sobre el fundamento del dúo precedente lograble-loable. Es decir, que lo accionable está supeditado a lo loable y a lo lograble al tiempo que camina tomado de la mano de lo asociable. Y en ese espíritu, a lo largo de este libro continuaremos explicando cómo los elementos de cada dúo conceptual interactúan entre sí al tiempo que operan en función de los principios de los seis dúos que comprenden la plenitud de la metodología.

Tomando en consideración lo predicho, antes de poner el pie en el acelerador de lo accionable ponderemos el "pero" que lo restringe. ¿Cuál es ese "pero"? El que en 1 Corintios 10:23 sucede a la afirmación "Todo me es lícito". Aquí la palabra "todo" la podemos sustituir por la frase "todo lo accionable dentro de lo lograble". Ahora, ¿qué sucede al referido "pero"? A continuación, lo pongo de manifiesto con la oración completa:

> *Todo me es lícito, pero no todo conviene: todo me es lícito, mas no todo edifica.*

Con esto el autor de 1 Corintios se refiere a la libertad que poseemos y cómo esa libertad debe ser utilizada con responsabilidad, no solo en torno a uno mismo, sino también en lo que respecta a los demás. Más adelante en ese texto, el apóstol Pablo hace un llamado a que "ninguno busque su propio bien, sino el del otro". Esto pudiera parecer contraproducente en el ámbito de los negocios, pero la realidad es que los profesionales que operan a la luz de ese principio son los que poseen más capital, no solo financiero, sino también social. ¿Por qué razón? Simple y llanamente porque a la gente le gusta hacer negocios con personas que están casadas con el mejor interés del público y no simplemente con hacer una transacción que los beneficie en lo privado, aunque ello conlleve engañar al público que en ellos ha confiado.

En cambio, el que busca el bien del otro sabe que a veces lo que puede parecer una pérdida se constituye en ganancia si el fin es la relación más allá de la simple transacción. Fíjese que el matrimonio que dura toda la vida es el que está conformado por un hombre y una mujer que saben, entre otras cosas, perder para ganar. Al principio cuando me casé no entendía este axioma. Sin embargo, con los años, a medida que he ido madurando, me he dado cuenta de que en el matrimonio, y en casi todas las demás relaciones humanas, no se trata

> **El que busca el bien del otro sabe que a veces lo que puede parecer una pérdida se constituye en una ganancia.**

de ganar argumentos, sino de servir a la persona más allá de todo argumento. Por tanto, cuando el dilema está entre ganar la discusión o perder la relación, prefiero perder el argumento en el momento y fortalecer el fundamento de la relación con la aleación del amor y la comprensión.

Pensando y actuando relacionalmente y no transaccionalmente todos muy bien podríamos estar en el negocio de perder para ganar o, lo que equivale a lo mismo, buscar el bien del otro más allá del propio. En turno, sobre las ruedas de esa cultura empresarial se crearían negocios altamente rentables ya que bajo ese paradigma de pensamiento aumentaría de manera extraordinaria el nivel de confianza entre los que compran y los que venden. Y siendo la confianza la gasolina de la economía, la misma, galvanizada por la actitud de "buscar el bien del otro", provocaría un crecimiento armonioso que redundaría en desarrollo para todos. Dicho desarrollo, por su parte, se construiría sobre el antes mencionado capital social que resulta de la solidaridad y no necesariamente del recurso financiero que se acumula con una actitud de "todo para mí lo quiero". Digo esto por el hecho de que el capital social es el que nos permite ejercer mayor influencia sobre los demás. Con el financiero podemos, sin duda, influenciar, pero el influenciado se dejará influenciar simplemente por el dinero del que influye. En cambio, cuando se goza de capital moral y social la influencia que se ejerce es genuina y orgánica en naturaleza. De modo que los influenciados por ese tipo de capital ofrecerán su apoyo al que influye de una manera más solidaria, fiel y sistemática. Entendemos, por consiguiente, que la instrucción paulina de hacer solo lo que edifica y conviene buscando siempre el bien del otro y no primeramente el propio, genera un capital social que el dinero no puede comprar y una crisis financiera no se puede llevar.

¿Entonces el capital financiero no es necesario para accionar una idea? Desde luego que es necesario. Sin embargo, considero que así "como del cuero sale la correa" del capital social sale el capital financiero. Y lo más bueno es que el capital social, a diferencia del financiero, es, en cierto grado, como el conocimiento que no se gasta a medida que se utiliza. Por el contrario, si se gestiona inteligentemente, mientras más se aplica más se multiplica.

Antes de pasar con la explicación del elemento asociable de este dúo conceptual, cabe señalar que cuando digo que "el capital social genera capital financiero" no niego que el financiero genere capital social. De hecho, en el mercado hay muchos que con capital financiero compran capital social patrocinando causas que comulgan con el mejor interés de la sociedad. Sin embargo, algunas veces compran ese capital social no necesariamente con el fin primordial de beneficiar a la sociedad, sino con el objeto de disminuir la tasa de rechazo social que su actividad empresarial o política pudiera generar. Por ejemplo, el narcotraficante Pablo Escobar Gaviria hacía obras caritativas con los dineros generados a partir de su actividad delictiva. Esto, sin duda, le generó un capital social el cual, en turno, utilizó, entre otras cosas, para salir electo como miembro de la Cámara de Representantes de la República de Colombia.

Asimismo, como puntualizamos en el capítulo de introducción, empresas que venden drogas legales como el alcohol y el tabaco compran capital social como modo de atenuar el alto daño a la sociedad que genera el consumo de los productos que ellas venden con ánimo de lucro. Estas acciones sociales lejos de ser loables, son netamente deplorables no por la acción en sí, sino por la motivación detrás de la acción. Algunos preguntarán "¿Pero por qué las condenas si hacen el bien a fin de cuentas?". Ante tal interrogante digo que el autor de estas líneas no emite juicio, sino que el mismo fruto de la acción es el que absuelve o condena al perpetrador de la misma. ¿Y cuál es el fruto de las acciones susodichas? Nada más y nada menos que corrupción. ¿Corrupción? Sí, y corrupción a la franca. Como los mismos anuncios publicitarios lo ponen de manifiesto: fumar y/o consumir alcohol es perjudicial para la salud. Pero no solo para la salud física, sino también para la financiera, psicológica y espiritual pues ¿cuántos no han tomado acciones bajo la influencia del alcohol y otras drogas que han vejado la integridad no solo física, sino también moral de una persona, familia o comunidad? Lamentablemente, la respuesta es que tales acciones son el pan de todos los días para muchos individuos y familias que viven en esta sociedad consumista-inmediatista; sociedad dispuesta a corromper el buen juicio de sus ciudadanos para llenar de dinero los cofres de unos cuantos.

Sin más, lo que quiero establecer con esto en lo que atañe al elemento accionable de la metodología CLARAS^2 es que el mismo rechaza toda acción que no se lleve a cabo con pureza de corazón. Por tanto, a la luz de esta estructura para la articulación y consecución de metas, una idea accionable es aquella que busca lo correcto por los motivos correctos. No aquella que hace lo que en la superficie parece bueno, pero lo hace bajo los auspicios de vicios que causan mucho más perjuicio que beneficio.

De la acción a la asociación

En lo que respecta al elemento asociable del tercer dúo conceptual de CLARAS^2, el mismo tiene como objetivo articular la meta o idea de manera que sea atractiva no solo para la persona que la origina, sino también para todo aquel que tenga la convicción, necesidad, capacidad y/o aspiración que la idea representa y la meta materializada promete satisfacer. Para lograr ese arraigo social, terceros deben poder abrazar tu idea con tal sentido de pertenencia que estén dispuestos a hacer sacrificios en busca de beneficios que le agreguen valor tanto al individuo como al colectivo. Dichos beneficios pueden ser no solo materiales, sino también sociales, morales, intelectuales y/o espirituales. En ese sentido es preciso que el originador de la idea la diseñe con una especie de arquitectura inclusiva y abierta que permita que otros puedan colaborar con su toque personal a la idea original. Esto sin adulterar la esencia de la meta, pero sí dándole al público cierta discreción en cuanto a la apariencia.

Me gusta pensar que la idea es cual composición a ser interpretada por una diversidad de artistas. Cada uno de ellos la interpreta según su talento y su instrumento, pero supeditándose a las pautas que indica el director titular. Más que por jerarquía, los integrantes de la orquesta se supeditan al director porque él les permite lograr algo más grande que la suma de sus partes individuales. En otras palabras, el director establece su liderazgo sobre la base de su habilidad de entretejer el talento individual de cada uno de los intérpretes de la pieza en una tela sinfónica que supera en valor y dimensión al conjunto de hilos que la conforman. Así, de hecho, son las ideas asociables. Incluyen, integran, engrandecen y remuneran.

En ese espíritu, en el proceso de escribir una pieza, los compositores se rigen por una serie de estándares que permiten que su música sea interpretada por diferentes músicos de diferentes geografías, tiempos y culturas. Sin esos estándares el alcance de una pieza musical estuviese limitada al compositor nada más. Algo similar sucede con las ideas. Para que sean asociables las mismas deben ser articuladas de acuerdo a ciertos estándares, los más básicos de los cuales son la claridad y la simplicidad.

Simplificando la acción y la asociación

El llamado a elaborar ideas de manera simple y perspicua no quiere decir que para que las mismas sean asociables tienen que mantenerse al margen de lo complejo. Por el contrario. Si la fuerza de tu idea emana del grado de sofisticación que tengas en tal o cual área del saber, no te cohíbas de utilizar conceptos complejos en la elaboración de tus proyectos. Ahora bien, a la hora de socializar tus proyectos, si los mismos son, en esencia, complejos debes esmerarte por llevarlos a la simplicidad que va más allá de la complejidad a través del esquema principio-ilustración-aplicación. En esta estructura, el principio equivale a la idea mientras que las fases de ilustración y aplicación buscan hacer de lo abstracto algo concreto y de lo intangible algo tangible aumentando así la capacidad de asociación de la idea o principio que se presenta al inicio. El uso más efectivo de este esquema tripartito lo vemos en las Sagradas Escrituras en el evangelio de Juan, capítulo tres, versículo dieciséis, el cual lee como sigue:

Porque de tal manera amó Dios al mundo, que ha dado a su Hijo unigénito, para que todo aquel que en él cree, no se pierda, mas tenga vida eterna.

En ese verso fundamental del dogma cristiano, Jesús, hablando a Nicodemo sobre la buena nueva, inicia postulando el principio abstracto de que "Dios amó al mundo de tal manera". ¿Pero qué significa eso? ¿Qué es amor? ¿En qué modo se expresa? El Maestro no pierde tiempo para presentarle a Nicodemo la ilustración o, más bien, la manifestación de ese amor que no es otra cosa que el desprendimiento que tuvo Dios al entregar a su hijo unigénito al sufrimiento para llevar a efecto el rescate de terceros. Terceros que al momento de ser rescatados eran pecadores. O sea, enemigos de Dios, desobedientes de su palabra y, consecuentemente, transgresores de su ley. Y he ahí, en la disposición de Dios de redimir a terceros aun siendo estos enemigos de él, que vemos la dimensión del amor del Creador para con nosotros, la corona de su creación a la cual en el principio se vio compelido a expulsar del paraíso por la transgresión que cometimos cuando metimos el diente en el fruto que nos ofreció la serpiente.

También cabe señalar que el Señor Jesús se refiere al desprendimiento de su Padre en tiempo pretérito perfecto compuesto. Es decir, que al Jesús decir que Dios "ha dado a su hijo unigénito" lo que quiere dar a entender es que a pesar de que la acción fue ejecutada en el pasado continúa incidiendo en la realidad presente. Jesús no dijo que Dios "dio a su hijo unigénito", sino que lo "ha dado" de modo que esa decisión que el Todopoderoso tomó en la eternidad pasada no se queda en el pasado, sino que repercute con la misma intensidad sempiternamente. Es como decir "que buena ha sido esta semana". Al emplear "ha sido" queremos decir no nada más que la semana fue buena, sino lo que lo sigue siendo.

Habiendo explicado el principio y la ilustración en este denominado esquema tripartito, nos queda puntualizar y definir el tercer elemento que es, nada más y nada menos, que el de la aplicación. En lo que respecta al texto bíblico en cuestión la misma está en la última parte del versículo que reza "para que todo aquel que en él cree no se pierda, mas tenga vida eterna". En esta aplicación vemos que para que el amor del cual se habla tanto en el principio como en la ilustración entre en operación, la persona está llamada a tomar una acción entrando en asociación con el que, a través de su muerte y resurrección, se constituyó en el salvador. Y esa acción es creer en el hijo unigénito de Dios quien es, a su vez, "el verbo hecho carne" que equivale a la expresión material del amor del Padre que salva a los creyentes de la perdición y les regala vida eterna más allá del breve tiempo y espacio que nos toca vivir en esta tierra. Entonces aquí vemos cómo en este esquema de principio-ilustración-aplicación, el inmenso amor del Padre no solo se demuestra, sino que también se degusta cuando el que escucha la idea se asocia a ella para "no perderse y disfrutar la vida eterna". Ahora, el gran poder de asociación de Juan 3:16 lo vemos en la naturaleza de su arquitectura que es, curiosamente, tanto abierta como cerrada. Es abierta en el sentido de que la salvación que ofrece Dios es para todos. El carácter cerrado o restrictivo de la oferta entra en efecto con lo que sucede a la palabra "todo" que es la frase "aquel que en él cree".

> **El incalculable valor agregado del "todo aquel" incrementó extraordinariamente el poder de atracción y asociación del llamado a la acción.**

Entonces al establecer que la salvación es para "todo aquel que en él cree", la idea se abre y se cierra en un mismo respiro. Por un lado, en principio, el "todo" no discrimina pues todo es, precisamente, todo. Judío, griego, gringo, asiático, latino, negro, blanco, hombre, mujer, educado, analfabeta, rico, pobre, alto, chaparro, grueso o delgado. Sin embargo, dentro de ese todo, que está compuesto de gente de toda tribu, lengua y nación, existe un factor fundamental de discriminación y ese factor es el de la creencia pues la salvación es, según lo que dice la última parte del versículo 16, para "todo aquel que en él cree".

A pesar de que el factor creencia le pone una barrera a la oferta, la oferta en sí misma y comparada con la alternativa sigue siendo extremadamente buena ya que antes de que esta oferta existiera, de acuerdo a la tradición judía, la salvación era solo para los judíos. Ahora, bajo el denominado "nuevo pacto", la salvación, si bien proviene de los judíos, es para "todo aquel que en él cree". Como era de esperarse, el incalculable valor agregado de ese "todo aquel" incrementó extraordinariamente el poder de atracción y asociación del llamado a la acción. Dicho eso, cabe reiterar que aquí la aplicación o el llamado a la acción es "creer" sin importar de donde procede la gente siempre y cuando a partir de la creencia la persona actúe de acuerdo a ella.

Algo similar caracteriza a las ideas que se modelan según este esquema. Ideas que, a mi entender, son emprendedoras en naturaleza pues desplazan algo de inferior desempeño en virtud de una propuesta superior que es, a su vez, más asequible. La idea del carro desplazó al caballo; la del teléfono al telégrafo; la del procesador de palabras, a la máquina de escribir.

A pesar de la fuerza que han tenido la gran cantidad de ideas disruptivas que se registran en los anales de la historia, es preciso reconocer, independientemente del credo de cada quien, que la idea más trascendental y, por tanto, con mayor capacidad de acción y de asociación es la que se encuentra en Juan 3:16. Que Dios se hiciera carne y habitare entre los mortales ofreciéndoles a éstos salvación a pesar de nuestra rebelión, es un particular que, indiscutiblemente, no tiene parangón. Y que dicha salvación no haga acepción de personas y que sea por gracia y no por obras, incuestionablemente, como esa idea, que en Jesucristo se hizo realidad, no hay otra que tan siquiera le pueda pisar la cola. Por eso ese acontecimiento marca el antes y el después en la historia. Por eso decidí

> **Creer en Dios y asociarse con Él es lo más inteligente que un ser humano puede hacer.**

ponerlo como ejemplo de acción y asociación pues creer en Dios y asociarse a Él es lo más inteligente que un ser humano puede hacer.

El poder de asociación de tu propuesta de valor

En el ámbito de los negocios el antes descrito esquema tripartito se entrega en un formato más compacto denominado propuesta de valor. Para articular tu idea bajo esa estructura comercial es importante que sintetices en una que otra oración la solución que ofrece tu persona y/o corporación. En la medida en que la articulación de la propuesta de valor llame la atención de la población que tiene el problema y busca la solución, la gente querrá asociarse al ente que ofrece la solución que articula la propuesta de valor.

Usualmente los que más y mejor llaman la atención son los que logran emitir una señal clara que los diferencie del ruido que abunda en la comarca. ¿Qué se requiere para lograr esto? Mientras muchos pierden tiempo copiando y criticando a la competencia, los que emiten la señal y obtienen la atención de la sociedad son los que proceden con originalidad y asertividad. Sin embargo, esa realidad es constantemente soslayada como lo evidencia la gran cantidad de personas y empresas que buscan acumular puntos criticando o tirándole tierra a la competencia cuando, a fin de cuentas, "el que tira tierra pierde terreno y no logra avanzar con éxito".

Entonces, para llamar la atención y provocar un interés que eventualmente lleve al interesado a tomar una acción específica, lo que se debe hacer no es primeramente compararte con el vecino, sino poner de relieve cómo tu empresa llena y supera la necesidad y expectativa del cliente de manera certera, asequible y eficiente. Así lo hace Uber en la siguiente propuesta de valor:

Tu viaje, a solo un clic. Transporte en minutos con la aplicación de Uber.

Aquí Uber no menciona a la competencia ni cuan tediosa puede ser la experiencia de pararte en una esquina a ondear tus manos vigorosamente sobre tu cabeza con la esperanza de que un taxi amarillo se pare para llevarte a tu destino en el tiempo preciso. Lo que sí hace Uber es manifestar de manera clara y concisa la conveniencia, efectividad y agilidad de su servicio.

Por su parte, Airbnb procede de manera similar   al plantear la propuesta que sigue:

Nuestra casa es tu casa: alójate en espacios únicos con anfitriones de más de 190 países.

Este enunciado logra diferenciar a Airbnd de su alternativa - los hoteles tradicionales - con la que podría ser considerada como la frase más hospitalaria que comprende el vocabulario popular del hispanoparlante: "nuestra casa es tu casa". Esta frase seguida del llamado a la acción "alójate en espacios únicos con anfitriones de más de 190 países" pone de relieve una solución versátil y diferente a la necesidad que tiene todo ser humano cuando pernocta en cualquier lugar del mundo. Esto sin criticar el hecho de que los hoteles tradicionales carecen del toque hogareño, la flexibilidad en los precios y la presencia en virtualmente cada comunidad de la aldea global.

Finalmente, consideremos la propuesta de valor de Wix, la plataforma de desarrollo de sitios web con sede en Tel Aviv, Israel:

Crea tu increíble página web. Es gratis. Fácil de personalizar. Sin códigos. 72,108,374 usuarios y creciendo.

Reconociendo que la persona promedio se mantiene al margen de la construcción de una página web porque percibe esa tarea cómo una complicada en términos técnicos y cara en el sentido financiero, Wix se promueve como una plataforma gratis y fácil de usar. Además de esto, puntualiza como ya más de setenta millones de personas están afiliadas a la plataforma. Esto, como queriendo decir que muchos han podido desarrollar su página web utilizando esta herramienta. Solo faltas tú.

Sintetizando las lecciones derivadas a partir de estas propuestas de valor de compañías altamente exitosas podemos concluir estableciendo que para aumentar el poder de asociación de nuestras ideas es preciso desarrollarlas y comunicarlas de manera enfocada haciendo énfasis en el problema que la idea resuelve a través de una solución diferente que esté, a su vez, al alcance de la gente.

Cuatro elementos

Para crear una especie de plantilla conceptual en lo que atañe a la producción de una propuesta de valor, es fundamental que tengas cuatro elementos definidos a la hora de formular tu idea comercial. Estos son:

1. Necesidad.
2. Solución.
3. Diferenciación
4. Validación.

La necesidad, de hecho, debe ser el punto de partida de la propuesta y debe servir cual eje en torno al cual se forja y se vende la solución. En ese sentido, la solución debe presentarse en función de la necesidad más apremiante de la gente sin abundar en los detalles que esta pueda tener emparejada consigo. Cuando nos enfocamos en los detalles que no guardan una relación de primer orden con la necesidad central, corremos el riesgo de convertirnos en el zorro al cual se refirió el poeta griego Arquíloco. Por tanto, debemos mantener nuestra idea aplomada en aquel aspecto de la solución que habla directamente sobre cómo se va a resolver el problema que la gente tiene presente en su mente y corazón.

En lo que respecta a la diferenciación, debemos ponerla de manifiesto no comparando ni compitiendo, sino siendo. En otras palabras, lo que nos hace diferentes no es lo que tenemos o lo que hacemos, sino lo que somos. Sobre esa base debemos proyectar la solución que ofrece nuestra idea. Como mencionamos más arriba, si lo hacemos criticando o comparándonos con la competencia entonces comprometeremos la capacidad de asociación o atracción de nuestra propuesta.

> **Lo que nos hace diferentes en esencia no es lo que tenemos o lo que hacemos, sino lo que somos y a quién le pertenecemos.**

Por último, tenemos el muy importante elemento de la validación. Como es para todos evidente, la gente de hoy en día está cada vez más escéptica. Esto se debe a que, lamentablemente, hoy más que siempre sobreabundan ideas que prometen mucho beneficio a cambio de poco sacrificio, pero que, a fin de cuentas, causan mucho perjuicio pues no llenan la expectativa que establecieron en el principio. Dada esa realidad la gente va a querer probarte antes de comprarte y con tus ideas asociarse. Por tanto, si todavía no te conocen, esto quiere decir que tendrás que estar dispuesto a llevar a efecto tu propuesta de valor hasta cierto término sin que te paguen por un periodo de tiempo. Si ya tu marca es conocida, lo que aplica es complementar tu propuesta de valor con testimonios positivos de boca de algunos de tus actuales socios y/o clientes. O bien podrías mencionar de manera sucinta algún reconocimiento relevante que ha tenido tu trabajo por parte de alguna entidad, persona o medio publicitario de prestigio. En ese sentido, las estadísticas también son muy efectivas. Estadísticas como la que nos presenta Wix al cabo de su propuesta de valor cuando dice que su cartera de usuarios comprende "72,108,374 usuarios" con tendencia a crecer.

Dicho esto, te insto a que hagas un inventario de tu arsenal credencial e identifiques tus puntos de diferenciación para que a partir de ellos articules una solución que llene una necesidad latente o manifiesta en el corazón y la mente de la gente. Haz eso, condénsalo y dínoslo a través de una propuesta de valor que nos llame la atención y nos motive a tomar una acción para que a través de tu producto o servicio podamos mejorar nuestra situación y alcanzar nuestra aspiración.

Así, habiendo explicado con el debido rigor las particularidades tanto del esquema tripartito de principio-ilustración-aplicación como el de una propuesta de valor, queda dilucidado el concepto asociable del tercer dúo conceptual de CLARAS^2. Me gusta referirme a este binomio accionable-asociable, así como al dúo actual-atemporal que explicaremos en el capítulo que le sucede al próximo, como las baterías "doble a" de la metodología. Esto por el hecho de que estos dos pares son, si se quiere, los cuatro motores que, asistidos por los demás componentes de la metodología, ponen y mantienen a las personas en operación hacia una mejor situación. Y, en ese mismo espíritu, a continuación, presentaremos el dúo rentable-reproducible, el cual es igualmente fundamental para lograr el éxito en la gestión y expansión de nuestras metas e ideas.

IDEAS
(CLARAS)²

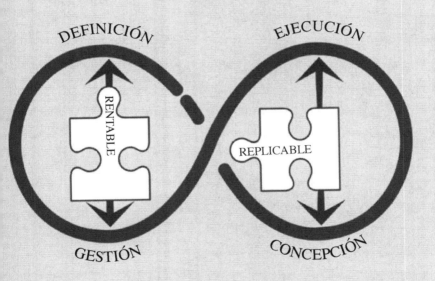

REPRODUCCIÓN Y RENTABILIZACIÓN:

LA COMBINACIÓN PARA EL ÉXITO EN MASIFICACIÓN

La rentabilidad es la sangre del cuerpo empresarial. El liderazgo, por su parte, funge cual órgano reproductor que disemina la idea en un mercado fértil que la incuba, la replica y la masifica.

Por muy buenas que parezcan ser nuestras ideas, si no las logramos rentabilizar dentro de un marco de tiempo razonable el mercado no nos permitirá continuar echándolas hacia adelante. Querámoslo o no esa es la realidad que todos enfrentamos. Y, dado el hecho que ella no va a cambiar, es imperioso que la abordemos de manera tal que nuestras ideas puedan volar con las alas de la rentabilidad y avanzar a través de modelos de negocios escalables y repetibles más allá de los logros que podamos materializar a nivel individual.

Pero, ¿cómo hacemos esto? ¿Cómo desafiamos la gravedad del fracaso y despegamos hacia los etéreos y turbulentos cielos del emprendimiento al rayar el alba y más allá del ocaso cuando pocos te hacen caso? Entre otras cosas, debemos tener en cuenta lo que dice Julio Iglesias en aquella canción que tanto les gusta a las abuelas. Esa melodía que habla de gaviotas que vuelan bajito, en el rango de aquellos que tiran a matar para ver caer a aquel que se comenzó a levantar a medida que su negocio pudo rentabilizar. Ante el peligro inherente de esos vuelos bajitos, el cantante español, a través de la canción en cuestión, nos insta a "volar" alto, a no ser como la "gaviota en el mar". Más aún, reconociendo que no se trata solo de empezar el vuelo de éxito, sino, más bien, de mantenerlo y mejorarlo a lo largo y ancho del territorio que ocupamos, Julio Iglesias nos recuerda que "Llegar a la meta cuesta / Te cuesta tanto llegar / Y cuando ya estás en ella / Mantenerte cuesta más /Procura, entonces, no descuidarte, ni mirar hacia detrás / O todo lo conseguido te lo vuelven a quitar".

> En los negocios es sumamente importante poder repetir, mantener y mejorar lo que en una instancia se pudo lograr.

A partir de lo establecido en esta estrofa, el artista alude a un principio tanto existencial como empresarial de carácter trascendental. Ese es el de la importancia de poder repetir, mantener y mejorar lo que en una instancia se pudo lograr. Ahora, en el mundo de los negocios ello encierra otra dimensión. ¿Cuál? Bueno, la de poder crear un modelo estandarizado que le permita a un tercero repetir nuestro vuelo de éxito sin nosotros tener que pilotearlo.

Para ayudarnos y guiarnos en el desarrollo de esa gesta, el cuarto dúo conceptual de la metodología CLARAS^{2} comprende los factores de rentabilidad y reproducibilidad. El objeto de estos es empoderar con herramientas del pensamiento al profesional que busca generar ideas que se puedan transformar en emprendimientos masificables a los cuales otros profesionales se puedan integrar y replicar un modelo de rentabilidad sin la necesidad de la presencia física del gestor original.

Comencemos por dilucidar el factor rentabilidad el cual es, a su vez, la pre-condición para la reproducibilidad. Primeramente, cabe señalar que existe una diferencia fundamental entre ganancia y rentabilidad. La misma parte del hecho de que la ganancia es una cifra absoluta mientras que la rentabilidad es de carácter relativa. Esto lo vemos objetivamente reflejado en el modo de calcular estos dos indicadores. La ganancia se calcula simplemente restando los gastos de los ingresos mientras que la rentabilidad se determina de varias maneras, cada una de las cuales pone las cifras en contexto. Matemáticamente hablando, las cosas se ponen en contexto dividiendo y eso, dividir, es básicamente lo que hacemos a la hora de medir rentabilidad.

Dos tipos de ganancias

Un poco más adelante desglosaré una serie de conceptos para evaluar la rentabilidad de un negocio. Pero antes de entrar en ese terreno y después de haber puntualizado la diferencia fundamental entre ganancia y rentabilidad, es muy importante mencionar que existen dos tipos de ganancia. Una es la ganancia contable y otra es la ganancia económica. La ganancia a la cual nos referimos normalmente en el día a día es la contable. La misma, como mencionamos en el párrafo anterior, se calcula con la fórmula ingresos por ventas menos costos contables. Los costos contables comprenden todos aquellos insumos que se pueden contar de manera concreta. Esto incluye materia prima, empleomanía, etcétera. La ganancia económica, por su lado, se calcula de la siguiente manera:

Ingresos por ventas – Costos contables - Costos económicos

A diferencia de los costos contables que toman en consideración solo el costo del insumo como tal, los costos económicos consideran no el precio pagado por los insumos, sino, más bien, aquello en lo que se dejó de invertir al incurrir en la compra de dichos insumos. Para ilustrar esto planteemos un ejemplo. Digamos que Juan Pérez es un asesor financiero con una práctica independiente. Supongamos que su práctica le genera un ingreso anual de $300,000 al tiempo que demanda de una inversión de $100,000 para cubrir gastos contables. Digamos que la mejor alternativa de empleo que tiene Juan Pérez es con la firma JP Morgan la cual está dispuesta a pagarle un salario de $250,000 al año. En base a este cuadro, a continuación, calculamos tanto la ganancia contable como económica del Sr. Pérez.

Ganancia contable:

$300,000 - $100,000 = $200,000

Ganancia económica =

$300,000 - $100,000 - $250,000 = -$50,000

Como bien podemos observar, la ganancia contable nos da una cifra positiva, mientras que la económica una negativa porque al considerar lo que el Sr. Pérez deja de hacer - eso es emplearse con JP Morgan - nos damos cuenta que está dejando de percibir $50,000.

Ahora bien, en este análisis hace falta un factor por tomar en consideración y ese es el de la valoración que tiene el Sr. Pérez de su independencia laboral. Digamos que después de entrevistar al Sr. Pérez sobre los retos de ser independiente nos damos cuenta que, de hecho, desde su perspectiva, la independencia tiene muchos más beneficios que sacrificios. Entre ellos él puntualiza la flexibilidad con el tiempo, mayor discreción en la dinámica de toma de decisión, capacidad de interactuar con la comunidad bajo sus propios términos y no los de una empresa cuya agenda puede que esté en oposición a sus valores y principios. Considerando todo esto, a final de cuentas, le asignamos un valor neto de $100,000 a estos beneficios. Con esos beneficios debidamente cuantificados recalculamos la ganancia económica de la siguiente manera:

Ingresos por ventas + Valoración de independencia – Gastos contables – Gastos económicos = Ganancia económica

Al insertar el valor de cada variable en la ecuación observamos lo que sigue:

$$\$300,000 + \$100,000 - \$100,000 - \$250,000 = \$50,000$$

Aquí podemos ver cómo después de cuantificar y considerar la valoración que el Sr. Pérez tiene de su independencia, su ganancia económica termina siendo $50,000. Si JP Morgan tuviera acceso a ese dato supiera que lo que le debe ofertar al Sr. Pérez para que este se sienta motivado a dejar su práctica independiente y se vaya a laborar con ellos es un salario que supere los $300,000. Si JP Morgan le oferta al Sr. Pérez un salario igual a $300,000, entonces la ganancia económica del susodicho se reduciría a $0. Desde el punto de vista de lo que nos enseña la microeconomía, a ese nivel de ganancia el Sr. Pérez sería indiferente en torno a ser independiente o emplearse con JP Morgan. Para que él prefiera una opción sobre la otra, la ganancia económica debe ser mayor o menor, pero no igual a cero.

Se trata del costo de oportunidad

Habiendo leído y entendido estás perspectivas sobre el concepto de ganancia no me cabe duda que tendrás un criterio más amplio y profundo a la hora de decidir qué hacer y no hacer con las opciones que tienes en torno al desempeño de actividades económicas. Recuérdate que se trata no solo de lo que estás haciendo, sino también de lo que estás dejando de hacer al hacer lo que estás haciendo. Entonces si produces pan no pienses solo en el pan que produces. Considera por igual la mejor alternativa que tienes a la producción de pan. Digamos que esa alternativa es la producción de leche. Siendo eso así, al producir pan debes preguntarte ¿cuántos litros de leche estoy dejando de producir al producir el pan que estoy produciendo? Si la respuesta a esa pregunta es que es más el pan que produces que la leche que dejas de producir al producir el pan que estás produciendo, entonces continúa produciendo pan. Pero si en algún momento te das cuentas que es más la leche que estás dejando de producir al producir el pan que estás produciendo, entonces considera hacer la transición del pan a la leche.

Ante este planteamiento algunos preguntarán, "¿por qué tengo que sacrificar una cosa por la otra? ¿Por qué no me decido a hacer las dos cosas ya que a fin de cuentas necesito tanto pan como leche?" Para contestar esas preguntas debemos partir del principio de que siempre será necesario sacrificar una cosa a la hora de hacer otra. Esto por el hecho de que todos y cada uno de nosotros tenemos que lidiar con la realidad de que los recursos a nuestra disposición son escasos. Al leer esto sé que probablemente estarás pensando en el fulano multimillonario que parece tener recursos ilimitados, de modo que a él este principio no le afecta. Sin embargo, la realidad es que todos, independientemente del balance de nuestra cuenta bancaria, tenemos que enfrentar la realidad de nuestra finitud. Eso es de la limitación que tenemos respecto del tiempo, ese recurso súper preciado y, en términos relativos, probablemente el más escaso.

Al tomar esa variable en consideración nos damos cuenta de que no podemos hacer todo a la vez y por eso es preciso hacer aquella actividad que, comparada con la alternativa, nos permite producir más por unidad de tiempo. Así, al fin y al cabo, usamos eso que producimos para adquirir lo que no producimos. Es decir que, para seguir con el ejemplo, con el pan que producimos compramos la leche que no producimos. Y, si nuestra ventaja comparativa es en la producción de pan, especializándonos en producir pan podemos consumir más leche que si nosotros mismos produjéramos la leche.

Con lo predicho meridianamente establecido, ahora sí, como os prometí, pasemos a desglosar los indicadores a través de los cuales podemos evaluar y, a partir de ello, mejorar la rentabilidad en el mundo de los negocios. Presentaré cuatro factores, empezando con el enunciado a continuación.

Margen de beneficio neto

Este indicador le permite al analista examinar de manera general la rentabilidad de una corporación. El mismo se calcula con la siguiente fórmula:

$$(Ingresos - Gastos) / (Ingresos)$$

A partir de esta fórmula resolvemos que si tenemos ingresos de $10,000 al mes y unos gastos de $7,000, nuestra ganancia será de $3,000 con un beneficio neto de 30%. A diferencia de la ganancia, el margen de beneficio neto nos revela cuánto tenemos que vender para ganarnos cierta cantidad de dinero.

Supongamos por un momento que somos inversionistas y que existen dos negocios, A y B, que quieren que nosotros invirtamos capital en ellos. Al hacer la solicitud cada negocio nos proporciona un solo dato. El negocio A nos socializa que su ganancia mensual es de $3,000 y el negocio B nos revela que su margen de beneficio neto es de 30%. Si pudieras invertir en solo uno de los dos negocios ¿en cuál invertirías? En este caso quizás lo menos riesgoso sea invertir en el negocio B que dio el dato sobre su margen de beneficio neto ya que con esa información sabemos cuánto tenemos que vender para hacer cierta cantidad de dinero. Con un margen de 30%, por ejemplo, sabemos que para ganarnos $30 tenemos que vender $100 de producto. Si la única cifra que nos da el propietario del negocio es que tiene una ganancia de $3,000, no sabríamos qué cantidad de producto tenemos que vender para obtener esa ganancia a fin de mes. Esa cantidad puede ser $6,000 como puede ser $600,000. Si es $6,000 entonces tendríamos un margen de beneficio neto de 100% que, en principio, no está mal. Pero si la cantidad es $600,000 el beneficio sería de apenas 1%. Ahora, por el hecho de que no podemos, basados en el dato de ganancia, precisar cuál sería la cantidad que tenemos que vender para generar cierto beneficio, invertir capital en la compañía A sería, en cierto sentido, como dar un salto al vacío.

Otro factor a tomar en consideración es el de rotación de inventario. Si todo lo demás permanece igual, mientras más elevada la rotación de un producto el inversionista será más tolerante ante márgenes de ganancia relativamente bajos. Esto sucede, por ejemplo, con muchos de los productos que se comercializan en los supermercados. Tienen márgenes de ganancia bastante estrechos, pero el hecho de que tienen una alta rotación los hace productos altamente rentables.

Margen de beneficio bruto

Este indicador se calcula con la siguiente fórmula:

(Ingresos – Costo de productos vendidos) / (Ingresos)

Con esta cifra podemos ver más en detalle la rentabilidad del producto físico que mueve la empresa ya que, a diferencia del margen de beneficio neto, el bruto solo toma en consideración el costo del producto vendido. El margen de beneficio neto, como vimos anteriormente, toma en cuenta todos los gastos de la empresa de manera indiscriminada, sin importar si inciden o no en el costo del producto vendido. Por esta razón, se podría dar el caso donde una empresa tenga un margen de beneficio bruto relativamente alto al tiempo que muestra un margen de beneficio neto relativamente bajo. Un fenómeno de esta naturaleza indicaría, por un lado, que el costo del producto en relación al margen de ganancia es saludable. Asimismo, tal situación pondría en evidencia una debilidad en la administración del gasto y/o el volumen de ventas de la empresa. Por tanto, el margen de beneficio bruto nos permite hacerle una especie de FODA o prueba de esfuerzo a la empresa. Una donde analizamos la rentabilidad tanto a nivel particular como general.

Ganancia por segmento

A finales de los años 1800 el economista italiano Vilfredo Pareto articuló la famosa regla 20/80 que determina que, para una gran gama de eventos, el 80% de los efectos ocurren por el 20% de las causas. En otras palabras, 8 de cada 10 cosas que logramos ocurren gracias a 2 de cada 10 cosas que hacemos. Esta regla afecta la dinámica de rentabilidad de la gran mayoría de los pequeños y medianos negocios que ven una parte significativa de sus ingresos determinados por menos de una quinta parte de los productos o servicios que ofrecen. O bien se podría dar el caso donde haya una mayor proporcionalidad en la venta de los productos, pero que de cada 10 clientes 2 sean los que generen más de 4/5 partes de los ingresos. Esto podría aplicar también a la empleomanía de la compañía. Digamos que la misma tenga 10 empleados. Dos de esos diez hacen más del 80% de las ventas.

Por tanto, es importante identificar las ganancias por segmento de producto, servicio, cliente, socio y/o empleado para así tener conocimiento de cuáles son las fuentes más importantes de rentabilidad y cuales se pueden mejorar, innovar o descartar. Ahora ¿cómo hacemos el cálculo? Simplemente identificando los ingresos y los gastos asociados con un segmento en específico. De esa manera se evita adulterar la cifra con gastos e ingresos ajenos a dicho segmento. Con esos particulares depurados podemos hacer los cálculos de lugar utilizando, por ejemplo, el margen de beneficio bruto que discutimos anteriormente.

A la hora de hacer esta evaluación o cualquier otra que implique números es importante considerar que no todo lo importante es medible así como no todo lo medible es necesariamente importante.

Economías de escala

Las economías de escala toman lugar cuando el costo por unidad producida baja como resultado del aumento en la cantidad producida. Para entender esto a profundidad, debemos tomar en consideración dos elementos neurálgicos. Uno es el de gastos fijos y el otro es el de gastos variables. Digamos que el costo fijo para financiar la operación de una fábrica de zapatos es $100,000 mensuales mientras que el costo variable es de $5 por cada par de zapatos producido. Si la fábrica nada más produce 10 pares de zapatos al mes, entonces su costo total promedio por par de zapato producido será de $10,005. Lo que quiere decir que para que la empresa no pierda dinero tendrá que vender cada par de zapatos a por lo menos $10,005. Evidentemente a ese precio, dada la competencia, el mercado no echará mano de la oferta. Por tanto, lo que debe hacer el gerente de la fábrica es establecer la escala de producción con que la empresa podría vender zapatos a precios competitivos en el mercado al tiempo que genera una ganancia que justifique su existencia en el mediano y largo plazo.

Dicho esto, veamos qué pasaría si la fábrica aumenta su producción de 10 a 10,000. Asumiendo que el costo variable por unidad de zapato producido se mantiene en $5, tendríamos un costo total de $150,000 que dividido por los 10,000 pares de zapatos producidos generan un costo total promedio de $15. Con ese costo promedio por unidad de zapato producido la empresa puede ofertar su producto en el mercado a un precio competitivo al tiempo que genera un usufructo. ¿A qué precio debe vender cada par de zapato? Para no perder dinero, lo tendrá que vender a por lo menos $15. Pero como la razón de ser de la empresa es ganar dinero, la misma, en función de las condiciones del mercado, debe establecer un margen de ganancia que, quizás, bien podría equivaler al 100%.

En síntesis, para rentabilizar cualquier empresa es necesario escalar la cantidad de producción a un nivel que nos permita dividir los gastos fijos y variables de modo que podamos generar suficientes ingresos tanto para hacerle frente a los costos de producción como para generar una ganancia neta que sirva de justificación para la existencia de la corporación.

Imaginemos por un momento que cada producto producido y cliente servido es un punto de apoyo sobre el cual descansan los gastos de nuestro negocio. Para visualizar esto formulemos los gastos en libras en vez de dinero. Si nuestros gastos pesan 1,000 libras y tenemos un solo punto de apoyo, por muy fuerte que sea no va a aguantar ese peso descomunal por sí solo. Pero si aumentamos los puntos de apoyo a 100, entonces cada uno va a cargar diez libras, que es un peso mucho más manejable que 1,000. Y si ese peso de diez libras genera un beneficio que, por otro lado, le quite al cliente más de diez libras, entonces los puntos de apoyo estarán prestos a soportar el peso que, económicamente hablando, no es otra cosa que el precio que el mercado tiene que pagar para el producto o servicio de la empresa poder degustar.

El objeto de compartirte esto es que lo analices preliminarmente, antes de arrancar tu proyecto. Así sabrás, de entrada, lo que tendrás que hacer para generar ganancias y mejorar la rentabilidad de tu actividad empresarial en el mediano y largo plazo. Si ya estás en el proceso de desarrollar tu proyecto, después de revisar estos conceptos básicos, detente y pregúntate si estás operando a una escala mínima suficiente y eficiente. Si no lo estás o crees que sí eres eficiente, pero puedes mejorar, busca modos y maneras de explotar las economías de escala que, dentro de tu marco operacional, no están siendo aprovechadas. ¿Cómo? La respuesta es simple: aumenta tu nivel de producción. Sin embargo, la pregunta fundamental es, ¿qué necesitas para aumentar tu producción? ¿Más inversión? ¿Más educación? ¿Más tecnologías?

¿Más empleomanía? Quizás ya todas las condiciones están dadas para arrancar hacia una mayor rentabilidad; lo único que hace falta es que le des fuego a la lata. Así que, avanza. ¿Qué te dilata? Hazlo hoy y no esperes a mañana.

De la rentabilidad a la reproducibilidad

Habiendo explicado lo más fundamental en cuanto a ganancia y rentabilidad hablemos ahora de reproducibilidad. Lo primero que quiero mencionar es que siendo CLARAS^2 una guía con aires de metodología, el elemento de reproducibilidad es de carácter fundamental ya que es la capacidad de reproducción lo que le da validez a este o cualquier otro sistema, concepto o estructura en sentido general. Asimismo, para que tu modelo de negocios sea validado y en cierto grado masificado es preciso que otros lo puedan reproducir y obtener un resultado similar, igual o proporcional al que tu obtuviste aplicándolo a nivel individual.

Para que este fenómeno se pueda desarrollar con los rigores de lugar tu idea, proyecto o negocio debe elaborarse siguiendo ciertos estándares que posibiliten que la comunicación de los conceptos sea clara y llana. Además, para ser reproducible las actividades que comprenden tu modelo de negocios deben medirse con indicadores universales de modo que todos tus actuales y potenciales socios y clientes puedan regirse por los mismos parámetros independientemente del lugar, lenguaje o sistema en el cual se desenvuelven. Los indicadores que explicamos más arriba, de hecho, llenan esos requisitos y por eso recomiendo que se utilicen en la concepción, definición, gestión y ejecución de las ideas y/o proyectos de negocios que tienes aposentadas en tu cabeza.

Cuando un modelo se concibe de acuerdo a los mencionados conceptos, el mismo cobra carácter de engendro.

A algunas personas les choca este calificativo de engendro. Y esto quizás sea porque en la cultura popular predominan frases que asocian al particular con cuestiones del mal. Pero, para no dar lugar a dudas, a la luz de CLARAS², engendro se refiere específicamente a la capacidad de concepción y reproducción. Esas capacidades son las que, dicho sea de paso, diferencian a la acción y efecto de engendrar frente al ejercicio de meramente crear. Me explico. Lo creado, si bien refleja la imagen y semejanza de quien lo crea, no tiene, en sí mismo, la capacidad de crear y procrear. Por ejemplo, este libro que estás leyendo, si lo tienes en físico, se parece a mí, a su creador, y consecuentemente, también se parece a ti, que eres su lector. Se parece a nosotros dado el hecho de que tú y yo nos parecemos en calidad de seres humanos en lo que respecta, particularmente, a nuestro diseño. Este libro, como nosotros, tiene un frente, una espalda y una espina dorsal. De esa misma manera todo lo creado que está en nuestro derredor se parece a nosotros, pero no puede auto-reproducirse como lo hacemos nosotros. Claro, el libro puede reimprimirse, pero no por motu proprio. Como tampoco, por sí solo, puede unirse a otro libro y dar origen a un nuevo libro.

El automóvil, por ejemplo, refleja a su creador, el hombre, por el hecho de que tiene, como él, ruedas, computadora, tanque de gasolina y cámara de combustión, entre otras cosas. "Pero nosotros no tenemos nada de eso", dirán algunos. A lo que yo respondo, "claro que sí". Tenemos su equivalente en la forma de pies, cerebro, estómago e hígado el cual, como hace la cámara de combustión con la gasolina que viene desde el tanque, sintetiza las proteínas del alimento que estuvo almacenado en el estómago.

Con esto, el punto que quiero que quede meridianamente claro es que todo lo creado se parece a su creador, pero carece de la esencia plena del que lo crea. Especialmente porque no goza de vida propia ni de la capacidad de reproducirse por su propia voluntad al unirse con una creación complementaria en la cual pueda depositar o de la cual pueda aceptar una semilla que dé origen a una nueva vida.

El engendro, por su parte, tiene tanto vida propia como la capacidad de reproducirse al entrelazarse en unión heterogénea con otro engendro. Esto es posible gracias a que estos engendros heterogéneos gozan cada uno de una información transferible y compaginable (ADN) que da origen a un ser único e inigualable. Ser que, a su vez, en su etapa madura tendrá, al igual que sus progenitores, la capacidad de reproducirse y generar bienes que colaboren con el desarrollo de toda la especie.

Cabe señalar que la naturaleza transferible y compaginable de la información son posibles gracias a la pasión y el compromiso con que los engendros se entrelazan en el acto del amor. Lamentablemente, en ocasiones dicho acto goza de la pasión, pero no del compromiso y por eso, quizás, lo reproducido, entiéndase los hijos, crecen en un ambiente sub-óptimo para su pleno desarrollo.

Lo antes descrito aplica no solo en términos biológicos, sino también, en cierto modo, hoy más que siempre, en el ámbito de los negocios. Especialmente cuando estos se conciben y se desarrollan en plataformas cónsonas con la economía de ahora, que ha sido, en un sentido, la de siempre. Me refiero, naturalmente, a la economía de la información y de la colaboración. Digo esto porque la preeminencia de la información en estos tiempos democratiza, en cierto grado, la capacidad tanto de rentabilidad como de reproducibilidad de un negocio. Esto debido a que la información, a diferencia de otros insumos, es relativamente abundante, barata y fácil de acceder. Curiosamente esa misma abundancia, asequibilidad y accesibilidad hace que mucha gente se pierda en un mar de datos a medida que divide su atención entre demasiadas fuentes de información diluyendo así su energía y con ella su pasión, sentido de compromiso y capacidad de reproducción. Más aún, en esta cultura hedónica de la post-verdad, muchas de esas fuentes de información son realmente fuentes de distracción, desinformación, entretenimiento vano y, por tanto, erosión de las facultades intelectuales, empresariales y espirituales del ser humano.

De acuerdo al espíritu y la letra con que se ha concebido y desarrollado CLARAS^2, el concepto de reproducibilidad ha de llevarse a efecto con el mayor grado de responsabilidad. Esto a medida que empresarios y emprendedores empalman sus pasiones, capitales, talentos, relaciones e informaciones para dar origen y reproducir cosas que mejoren nuestro existir tanto ahora como en el porvenir. Así podremos volar y el viento hendir en alturas donde los que tiran a matar tengan una menor posibilidad de podernos herir y nuestro vuelo extinguir.

Con esto dicho, ahora prosigo a entregarte el quinto dúo conceptual actual-atemporal en el próximo capítulo. Anda, sigue leyendo. Te prometo que encontrarás en este par conceptual buena sustancia para mejorar tu andar empresarial con elegancia a medida que te mantienes a la vanguardia.

IDEAS
(CLARAS)²

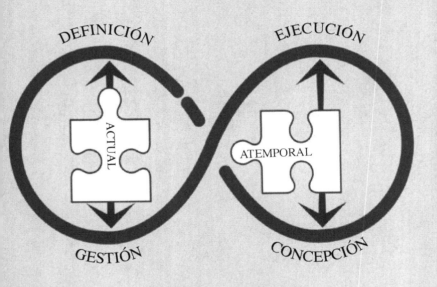

DEFINICIÓN

EJECUCIÓN

ACTUAL

ATEMPORAL

GESTIÓN

CONCEPCIÓN

ENTRE LO ACTUAL Y LO ATEMPORAL

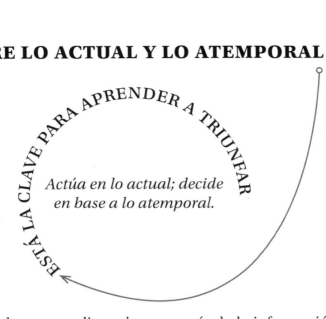

Actúa en lo actual; decide en base a lo atemporal.

ESTÁ LA CLAVE PARA APRENDER A TRIUNFAR

Estar a la vanguardia en la economía de la información no es una opción. Es, básicamente, una obligación. Si no tenemos presencia en las plataformas más importantes de comunicación digital, nuestro mensaje, por muy poderoso y relevante que sea, puede verse limitado en términos de alcance, visibilidad y la capacidad de hacerse rentable dentro de un marco de tiempo razonable. Sobre la base de esa realidad, entidades e individuos han invertido más allá de sus posibilidades en tecnología y marketing digital para lograr un lugar de prominencia en la sociedad. A fin de cuentas, algunos han tenido éxito mientras otros han perdido muchos recursos creyendo que la tecnología sería la panacea que resolvería todos los problemas que afectan a su vida y empresa.

En efecto, los que obtienen los mejores retornos a partir de su inversión en tecnología, marketing y educación son los que ya tienen, preliminarmente, principios que le dan perspectiva y dirección a su vida. En la ausencia de tales principios, la empresa que se empecina por estar a la vanguardia de lo actual se pierde en el remolino que caracteriza a la dinámica de innovación que es constantemente cambiante y, por tanto, al que no tiene un centro para anclarse se lo lleva por delante.

Es, precisamente, tomando en cuenta el particular que el quinto factor de la metodología CLARAS^2 comprende el binomio actual-atemporal. Este dúo conceptual nos llama a trazarnos metas e ideas que al tiempo que hacen uso de las herramientas y tendencias actuales se construyen sobre el fundamento de lo imperecedero que continuará siendo verdadero a través de los tiempos. Eso es, de hecho, lo que significa esencialmente la palabra atemporal. Como sabemos, el prefijo "a" quiere decir "sin". Temporal, naturalmente, se refiere al tiempo. Entonces la idea atemporal es aquella que va más allá del tiempo. Y, por tanto, el reto que nos presenta el factor actual-atemporal de la metodología CLARAS^2 es crear y materializar ideas que estén, al mismo tiempo, a tono con los tiempos y trascendiendo el tiempo.

> **Trázate ideas que concomitantemente estén a tono con lo actual y se construyan sobre la base de lo que no tiene fecha de caducidad.**

Si perseguimos ideas que simplemente estén a tono con los tiempos, entonces una vez los tiempos cambien nuestras ideas se tornarán irrelevantes. En cambio, si nuestras ideas se forjan según verdades y necesidades atemporales, las mismas serán aplicables a través de las edades. Siendo eso así, nuestro punto de partida debe ser lo atemporal para después, desde allí y sin salirnos de ese radio, insertar el componente de lo actual. Si lo actual parece comprometer a lo atemporal, la mejor práctica es rechazar lo actual y preservar lo atemporal pues lo actual se vence, mas lo atemporal permanece.

En principio, todo lo atemporal es actual, pero no todo lo actual es atemporal. Por ejemplo, el precio de la comida en el día de hoy es actual. También lo es la necesidad que tiene el ser humano de comer para su hambre satisfacer. Mañana el precio de la comida puede cambiar, pero la necesidad de comer seguirá igual. Entonces una persona que incursione en el negocio de la comida motivada primordialmente por el margen de ganancia que puede obtener vendiéndola a cierto precio, quizás no tenga tanto éxito como el empresario que hace el negocio motivado principalmente por su pasión y habilidad de llenar la necesidad que siempre tendrá el ser humano de comer. Dado su enfoque, este último estará incesantemente buscando modos y maneras de mejorar la calidad de la solución que ofrece al cliente que tiene la necesidad de satisfacer el hambre que padece. En cambio, la persona que entró en el negocio de comida enfocado en la variable del margen de ganancia y no en la constante de la necesidad que tiene la sociedad de satisfacer el hambre de sus habitantes, quizás no estará lo suficientemente motivado a innovar, mantener y mejorar la calidad del bien que entrega en el mercado. De hecho, es probable que este individuo tenga la tendencia a comprometer la calidad de su producto para incrementar el margen de ganancia en el corto plazo. Esto, a pesar de que esa práctica puede comprometer la sostenibilidad de su negocio en el mediano y largo plazo. Pues, sin dudas, eventualmente, el paladar del cliente se dará cuenta de la calidad decreciente y se irá donde el proveedor que mantiene e innova la calidad al tiempo que vende el bien a precios competitivos posibilitando así que el consumo sea repetitivo.

Entonces, podríamos decir, que el que construye su proyecto sobre el fundamento de lo atemporal no se preocupa por estar a la vanguardia. Su empeño es, más bien, ser la vanguardia.

Viendo la vanguardia como un estado de ser y no simplemente de estar, el individuo orienta sus esfuerzos más que a la producción como tal, al aumento significativo de su capacidad de producción e innovación. A través de la investigación de mejores formas de hacer su producto y desempeñar su servicio, el profesional enfocado en lo atemporal desarrolla ventajas competitivas que lo encumbran como referente de éxito en su industria. Esto lo logra involucrándose en procesos que le agregan valor y que, por ende, incrementan su capacidad de agregar valor para asimismo incrementar y fortalecer los puntos de diferenciación que hacen de su producto una solución superior a la necesidad que tiene el comprador. ¿Y cuáles son esos procesos? Son los de investigación y desarrollo; los de cultivación de una relación personal, relevante y sistemática tanto con la actual como con la potencial clientela; los de buena integración con suplidores y líderes de las comunidades que, de una manera u otra, inciden en el desarrollo de las labores; son el de la educación, actualización y crecimiento personal constante. Y me refiero al tipo de crecimiento que siempre busca ganar, aunque sea con un solo segundo de margen, a medida que se enfoca en el fortalecimiento de la esencia mucho más que la creación de una buena apariencia.

> **El que edifica su proyecto sobre el fundamento de lo atemporal no se preocupa por estar a la vanguardia. Su empeño es, más bien, ser la vanguardia.**

El afán por lo actual y superficial nos puede desenfocar

La presencia en redes sociales y plataformas digitales no son un sustituto para los referidos procesos orgánicos que discurren apoyados en principios atemporales. Sí podrían ser, empero, un poderoso complemento. Sin embargo, estas herramientas son frecuentemente utilizadas de manera errada para construir perfiles y mensajes sintéticos que no se casan con la realidad de la persona que, frente a la pantalla de su teléfono, tableta o computador, crea una fachada divorciada de lo que existe dentro de su casa y late en lo más íntimo de su corazón. En otras palabras, algunas personas se actualizan con la tecnología no para mejorar su vida, sino para crear y, hasta cierto punto, vivir en una realidad alternativa que, en turno, erosiona su productividad y capacidad para crecer y sus sueños emprender.

Entonces, trazarse ideas y metas de acuerdo a lo que encierra el dúo conceptual actual-atemporal no se trata de ser popular con los demás, ni de estar al día con la vida del vecino, del amigo o del enemigo. Tampoco requiere abrazar indiscriminadamente los valores que preponderan en cierta élite social. Ser actual-atemporal se trata, en cambio, de concebir metas que sean actualizables e incorporables a las tendencias que gozan de una esencia de excelencia y que, a través de ella, causan un impacto positivo y significativo en la vida tanto del individuo como del colectivo.

También es importante señalar que ser actual no quiere decir ser volátil, impredecible, revolucionario o relativista. Esto lo digo porque veo en los medios cómo la gente sale hoy contradiciendo la opinión que ellos mismos promovieron ayer. Y cambian o se "actualizan" no por convicción, sino para alinearse y beneficiarse de la fuerza que tiene la corriente popular; corriente que ha demostrado ser capaz de atentar y efectivamente destruir principios morales y valores integrales en nombre de la igualdad y de la diversidad. Por tanto, reitero que el dúo conceptual actual-atemporal nada tiene que ver con los movimientos populares de la actualidad. Especialmente esos que ensalzan la post-verdad y catalogan todo principio como una mera construcción social sujeto a revisión según la situación. Esto para acomodación de cualquier agenda que, abanderándose de la causa del progreso de los pueblos, a lo malo le llama bueno y a lo bueno le llama malo.

La regularidad es la clave de la efectividad

Ser actual a la luz de lo que establece la metodología CLARAS^2 requiere de estabilidad y coherencia tanto en las acciones como en las creencias. No de un carácter voluble e identidad indefinida, sujeta a cambios según los dictámenes de una supuesta mayoría que genera controversia con el fin de llamar la atención y no necesariamente con el interés de mejorar la condición moral, material y espiritual de esta generación.

Esencialmente, la persona que encarna el binomio actual-atemporal logra marcar una tendencia de actualidad generando una idea que, más allá de hacer ruido, emite una señal que, como estrella polar que brilla en la oscuridad, se diferencie de su entorno y sirva de guía a aquellos que quieren navegar hacia una mejor realidad. Una señal que el mercado pueda anticipar, anhelar, honrar, abrazar, regalar, comprar y compartir. Los periódicos, por ejemplo, salen todos los días y por eso la gente los anticipa y crea el hábito de leerlos y comprarlos día tras día. Algo similar y más interesante ocurre con el movimiento de los cuerpos celestes. Específicamente, los movimientos de rotación y traslación del planeta tierra en torno al sol. Esos movimientos, como sabemos, marcan los tiempos. Un día equivale a una rotación completa de la tierra en torno a su eje y un año es igual a una vuelta completa de nuestro planeta en torno al astro rey de nuestro sistema. Estando esos movimientos en operación desde que el mundo es mundo, todo el mundo se planifica en función de ellos. De noche la mayoría duerme. De día la mayoría trabaja. La agenda se planifica por hora, día, mes y año. Esto porque la gente anticipa que el planeta seguirá moviéndose como lo ha hecho por miles de años. Pero ¿qué pasaría si un día el planeta se detiene o se tarda más o menos tiempo para completar sus ciclos? Además del sin número de catástrofes naturales que se materializarían, la gente ya no se planificaría a partir del patrón que se alteró en el momento que el planeta se detuvo, aceleró o desaceleró su curso. Algo similar sucede cuando después de haber establecido un patrón lo rompemos por tal o cual razón. La gente que anticipaba que le agregáramos valor en determinado modo y manera, ante la interrupción de nuestro servicio, comenzará a buscar alternativas que llenen sus necesidades y sobrepasen sus expectativas. Por tanto, la constancia es lo que determina el éxito a largo plazo de lo que uno hace en la vida. O, dicho de otra forma, como establece Dale Carnegie en su famoso libro "Cómo hablar bien en público", "la constancia es el comprobante de la firmeza de una resolución".

Entonces para que una idea o proyecto sea actual-atemporal debe establecer un patrón que la gente pueda anticipar de manera regular. Al anticipar de un ente un buen nivel de calidad y servicio, la gente comenzará no solo a confiar, sino también a depender de ese ente para satisfacer alguna necesidad, fortalecer una capacidad o llenar una aspiración que alberga en su mente y corazón. Para inspirar ese nivel de confianza en el mercado, el proveedor, ya sea un individuo o corporación, debe tener contacto regular con el segmento del mercado que quiere conquistar y mantener conquistado.

Esto es, en cierto grado, similar a la dinámica que toma lugar entre una pareja de enamorados. Al principio, cuando el hombre se interesa en la mujer busca una manera de obtener permiso para endulzarle los oídos. Para esto, tradicionalmente, el hombre sale al encuentro de la mujer de manera regular portando su mejor vestido, empleando las mejores palabras y buscando oportunidades para mostrar sus dotes de hidalgo caballero presto a emplear la fuerza de su brazo en pro del servicio de aquella que de su corazón se ha adueñado. A medida que en esa gesta el hombre se desempeña busca el momento preciso para pedirle a la mujer su número de teléfono. Si la mujer se lo da, entonces le manda al hombre una señal de que este tiene permiso para llamarla con el objeto de enamorarla de manera sistemática y estructurada. Si la conversación telefónica va bien, el hombre da un paso adelante y le solicita a la distinguida que salga con él en una cita. Si la mujer asiente, esto le sirve al hombre de aliciente para redoblar sus esfuerzos de conquista. En la cita, si el hombre es inteligente, se enfocará en escuchar a la mujer hablar de ella. Todo se trata de ella. De conocerla. Sus creencias, necesidades, capacidades y aspiraciones. Con esas cartas sobre la mesa, él, de manera sucinta y si ella las solicita, puede revelar las de él y si existe una correspondencia entre sus cartas y las de ella, particularmente en lo que respecta a las creencias, entonces hay justificación para madurar la relación y, en el momento apropiado, consumar el amor dentro del marco del compromiso; eso es del matrimonio exclusivo entre las partes hasta que la muerte los separe. Ahora, para que lo conquistado se mantenga conquistado el conquistador y la conquistada no pueden quedarse haciendo nada una vez las nupcias han sido celebradas. Por el contrario, ahí es donde empieza la ardua tarea de mantener e incrementar la confianza día tras día, en la salud y en la enfermedad, en la abundancia y en la escasez, para amarse y cuidarse uno al otro tanto en la juventud como en la vejez. Progresivamente, a través del desarrollo de la relación, las partes involucradas se van dando más y más permiso hasta que no quede espacio vacío, en el sentido literal y figurativo, entre los dos cuerpos que, a través del matrimonio se convierten en uno solo.

Esta ilustración no es otra cosa que un microcosmos de lo que sucede entre el vendedor y el comprador en el ámbito de los negocios. El vendedor sale al mercado con una oferta debajo del brazo. Si es inteligente, la oferta no es lo primero que le presenta al potencial cliente. Su objetivo primordial es que el mercado le abra la puerta y la deje abierta dándole, de esa manera, permiso de interactuar e intercambiar de manera regular. Entre interacción e interacción se profundiza la relación. El vendedor se familiariza con las necesidades del potencial comprador, se interesa genuinamente por su bienestar y el de su gente. En el marco de ese espíritu nace la confianza. Es esa confianza que lleva al comprador a abrirle la puerta al vendedor y, después de haberla abierto, dejarla abierta para la proposición de ofertas. Es esa confianza que lleva al vendedor a estar actualizado con la necesidad de su actual y potencial comprador y así cultivar una relación orgánica con el mercado; relación en la cual el vendedor entrega valor periódicamente, a veces hasta gratuitamente. Y es, efectivamente, gracias a la periodicidad y generosidad de la actividad del vendedor que el mercado se empieza a acostumbrar, anticipar y desear lo que él tiene para ofertar. ¿Por qué? Porque el profesional actual-atemporal siempre entrega calidad; porque no compromete la esencia – eso es la visión - de su empresa. Más bien, todos los años se reinventa ofreciendo un producto superior al del año anterior. Así el mercado queda a la expectativa de la próxima oportunidad para degustar el valor - siempre mejorado - que entrega el emprendedor en el mercado. Es tal el nivel de expectativa que tiene el mercado ante el valor agregado que año tras año oferta el vendedor, que le otorga a este sus datos bancarios de modo que una vez salga un nuevo artículo un sistema automatizado le cobre el precio del mismo y se lo envíe a su domicilio. Ahí, en esa relación, no hay espacios vacíos. El comprador, sobre la base de la confianza generada, le ha dado al vendedor permiso de venderle automáticamente de manera recurrente. Mas ¡ay de aquel que abusa de la confianza! Será irremisiblemente olvidado y desechado; enajenado por el mercado.

Lo predicho no es una fantasía. Toma lugar día a día en la nueva economía. La compañía Procter & Gamble, por ejemplo, tiene una relación de este tipo con Walmart. Uno de los productos que Procter & Gamble le suple a Walmart es el detergente Tide. Para automatizar la logística de la colocación de este producto en sus tiendas, Walmart le ha dado a Procter & Gamble acceso directo a su inventario de modo que Procter & Gamble pueda monitorear el flujo de ventas del producto y reabastecer automáticamente a la tienda una vez el detergente se esté agotando. Para Walmart y Procter & Gamble esta dinámica es una ganar-ganar ya que, por un lado, Procter & Gamble está vendiendo y cobrando automáticamente mientras Walmart no tiene que emplear recursos de tiempo y capital humano monitoreando el inventario y solicitándole el producto al suplidor. Más importante aún, con este sistema, ni Procter & Gamble ni Walmart corren el riesgo de que un comprador vaya a la tienda y no encuentre el producto. Cosa que constituiría para ambas empresas una pérdida neta.

Hoy día con el internet de las cosas las empresas pueden interactuar de esta manera no nada más entre ellas, sino también con el consumidor final. A través de ese sistema una red de dispositivos computarizados interconectados puede mandar y recibir data sin la intervención de un humano. ¿Cómo funciona eso? Para explicarlo, digamos que tu nevera es uno de esos dispositivos computarizados. La misma tiene un sistema que saca inventario de aquello que almacena. Ese sistema, a su vez, se comunica con un sistema computarizado del supermercado que está a dos cuadras de tu casa. Cada cierto tiempo, la nevera le informa al sistema del supermercado qué provisiones te hacen falta. El sistema del supermercado, en turno, genera una orden de compra y te lleva las provisiones a tu casa por medio de un dron. Esa es nuestra realidad actual en términos tecnológicos. Por tanto, para que nuestras ideas puedan navegar con éxito en el mundo de los negocios y las ventas deben aprovechar estas plataformas y tendencias que, indudablemente, son las que en estos tiempos le permiten a la empresa tener buenas rentas.

> La frecuencia es más poderosa que el alcance. En ese sentido, es más efectivo contactar a 100 personas 10 veces que a mil personas una sola vez.
>
> ~Seth Godin

En su libro "Marketing con permiso: como transformar a extraños en amigos y a amigos en clientes" el experto en materia mercadotécnica, Seth Godin, alude a la importancia de convertir nuestras ideas en temas y conversaciones de actualidad. En ese importante texto Godin dice que, en lo que atañe a los esfuerzos por ser parte de la actualidad en la vida de nuestra comunidad, la frecuencia es preferible al alcance. Por ejemplo, de acuerdo a su visión, es preferible contactar a cien personas diez veces, que contactar a mil individuos una sola vez. Esto es debido a que, como revelan las estadísticas, la frecuencia es más efectiva que el alcance en lo que respecta a la práctica que Godin describe como "transformar a extraños en amigos y a amigos en clientes". De hecho, de acuerdo a Nicholas Negroponte del Massachusetts Institute of Technology, un incremento de 100 por ciento en frecuencia resulta en un incremento en efectividad de 400 por ciento.

> Un incremento de 100% en frecuencia resulta en un incremento en efectividad de 400%.
>
> ~Nicholas Negroponte

Mientras para algunos lo anterior pueda representar una mera cifra porcentual, para el autor de estas líneas esa tesis es mucho más que un dato estadístico. Es, de hecho, la realidad que marcó la diferencia entre la quiebra y la rentabilidad en mi antigua practica de asesoría financiera. De hecho, recuerdo haber empezado ese capítulo de mi carrera recién graduado de economía, con infinidad de conceptos en mi cabeza, pero con poco o ningún conocimiento de los principios que estoy compartiendo contigo en este capítulo. Mi noción era la que predomina en la cabeza de la mayoría. Decía "la tercera es la vencida". Mas, a medida que intentaba construir una cartera de clientes, me di cuenta que la tercera, a veces, es apenas la primera que cuenta. En el primer y segundo abordaje usualmente la gente no me abría la puerta de su casa y me revelaba la realidad de sus finanzas. No era sino hasta la tercera, cuarta, quinta o sexta interacción que lograba entablar una conversación que me diera acceso a esa información. Cabe señalar que la clientela que cultivé en Miami como asesor financiero fue una que levanté desde el fundamento, sin ningún capital social pre-existente. Llegué a Miami desde Boston en el año 2008 conociendo prácticamente a nadie. Quizás el promedio de abordajes para acceder a la información (cuadro financiero del cliente potencial) que se convertiría en el insumo fundamental de mi propuesta de valor hubiese sido menor si hubiese tenido vínculos previos en aquella ciudad. Pero así, desde el fundamento, me tomó de cinco a siete abordajes para generar suficiente confianza de modo que la gente comenzara a considerar darme custodia de sus cuentas de retiro y demás finanzas.

Algo que me ayudó, y al día de hoy me continúa resultando ventajoso, es estar al tanto de los acontecimientos que están en la palestra. Particularmente con los que se corresponden con mis áreas de interés que son diversas. Esto, eso es estar informado, nos permite hilvanar conversaciones interesantes con personas desconocidas de una manera amena y fluida. La familiaridad inicial la crea la información de dominio público. Una vez iniciada la conversación es importante pivotar de la información general de actualidad a las particularidades que servirán de base para mantener y cultivar el contacto con el interlocutor.

Estar informado nos permite hilvanar conversaciones interesantes con personas desconocidas de manera amena y fluida.

Si por alguna razón no tienes la oportunidad de actualizarte con las noticias, hay otras informaciones actuales y de dominio público que te pueden ayudar a romper el hielo. Dos de ellas son la hora y el estado del tiempo pues siempre podrás comenzar una conversación haciendo un comentario sobre el clima o la hora del día. Ahora, estos comentarios deben ser orgánicos, no fabricados ya que, si los sacas directamente de un libreto la gente, sin duda, lo percibirá y, dado el carácter sintético del planteamiento, es probable que contigo no quieran conversar. Al decir esto no me opongo de ninguna manera a la preparación o al desarrollo de un libreto. Lo que sí quiero dejar claro es que para que lo actual se constituya en una brecha para nosotros actuar tenemos que conectar y estar en el momento, no seguir robóticamente los parámetros de un libreto. Y a esto es, precisamente, a lo que me refiero con los principios actual y atemporal de este quinto dúo conceptual. Actual es ser intencional, pero espontáneo. Atemporal es ser tenaz, unidireccional, periódico y sistemático en la difusión de una idea que tiene como objeto no solo llamar la atención, sino también provocar un interés que se transforme en deseo y un deseo que redunde en acciones recurrentes que provoquen un cambio con transformación de lo bueno a lo mejor.

Lograr eso, como ya establecimos, requiere de enfoque y alta frecuencia en la comunicación de una propuesta de valor articulada con el debido rigor. Pues al concebir, definir, gestionar y ejecutar ideas actuales y atemporales lo que buscamos es que la gente llegue a confiar en lo que la idea promete. Y siendo la confianza un capital social que se genera en la medida que se conoce aquello que demanda nuestra confianza, es fundamental que aquello nos salga al encuentro todos los días por el mismo sitio y siguiendo el mismo curso, así como lo ha hecho el sol, teniendo presencia en nuestras vidas de sol a sol desde el inicio de la creación. De acuerdo a ese patrón solar nos desenvolvemos en el día a día y de acuerdo al esquema que establezcas responderá el mercado ante lo que le ofrezcas. Por tanto, establécete con fuerza y con frecuencia para que así sean no solo tus ventas, sino también tus proezas en el campo familiar, espiritual y social en sentido general. Solo así, actuando, serás actual en la mente y el corazón de la sociedad. Solo así, enfocado, trascenderás el breve tiempo y espacio que ocupamos en la tierra los humanos.

IDEAS

(CLARAS)²

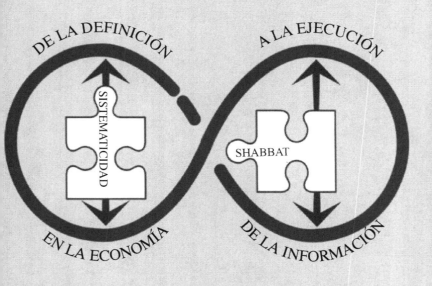

DE LA DEFINICIÓN

A LA EJECUCIÓN

SISTEMATICIDAD

SHABBAT

EN LA ECONOMÍA

DE LA INFORMACIÓN

Sistematicidad shabbat:

LA ESPINA DORSAL DE
UNA METODOLOGÍA SINGULAR

Cómo y con quién descansas determina cómo y a qué ritmo avanzas en tus diversas andanzas.

Así como el músculo ejercitado se fortalece y ensancha mientras descansa, CLARAS[2] se constituye en una poderosa maquinaria de gestión a medida que el emprendedor aplica con sus manos, mente y corazón el dúo conceptual sistematicidad-shabbat. ¿De qué se trata este par que tiene tal poder de hilvanar y encauzar? Se trata, nada más y nada menos, de ayudar al ser humano a equilibrar su crecimiento, así como el de sus ideas y proyectos, por medio de la aplicación de estructuras de trabajo y descanso que fomenten el desarrollo armonioso de todas y cada una de las partes que conforman el todo.

Tales estructuras se caracterizan por concebir y desarrollar las ideas no nada más a partir de la idea en sí, sino también del sistema del cual ella es o aspira a ser parte. Esto debido a que en cualquier contexto todo, de una manera u otra, afecta a todo de modo que, si no se toma en cuenta la multitud de variables que inciden en un proceso, por muy prometedora que sea una idea, puede que no salga a flote y lleve el bote al puerto del éxito. Entonces, ¿cómo hemos de preparar una idea para que pueda tener éxito en sistemas compuestos por una infinidad de factores que, dependiendo de cómo los abordemos, pueden constituirse en frenos o aceleradores? Más adelante comenzaremos a contestar esa pregunta, pero antes, para no crear lagunas, describamos la naturaleza fundamental de un sistema.

El sistema son muchas cosas que deben ser una sola

En este esfuerzo por definir el concepto, empecemos puntualizando que un sistema está compuesto por varias partes interactuantes. Estas, a su vez, forman parte de una misma estructura integrada y entrelazada por un singular hilo misional que busca crear unidad en la diversidad que comprende su realidad. Dicho de otra forma, el sistema tiene como objeto un propósito, una misión, que cohesiona a todos los factores que lo conforman de modo que estos actúen cual si fueran una sola unidad para generar un fin en particular. Desde esa perspectiva, en lo que respecta particularmente a una estructura abierta, un sistema podría equivalerse al proceso que transforma insumos en productos que, a su vez, generan resultados. La estructura abierta, de hecho, es solo uno de tres formatos sistémicos. Los otros dos son cerrado y aislado. La estructura abierta, por un lado, sostiene intercambios tanto de energía como de materia con el ambiente que le rodea. El formato cerrado también sostiene intercambios con su entorno, pero solo en la forma de energía, no de materia. El aislado, por su parte, no intercambia energía ni materia con elementos exógenos. Es decir, no interactúa de ninguna manera con factores ajenos a la unidad sistémica como tal.

Podemos encontrar ejemplos de los tres tipos de sistemas a través de una gran gama de disciplinas y realidades circunstanciales de la vida cotidiana. A los fines de este libro, el formato que queremos tratar es el abierto, la disciplina más relevante es, quizás, la de la economía y la realidad circunstancial de mayor interés es la empresarial. De modo que traigamos a colocación ejemplos de ese tipo, rama y realidad de la cotidianidad.

En lo que respecta a un sistema económico, lo consideramos abierto si este importa del exterior y, asimismo, exporta hacia el exterior. Tanto lo que se exporta como lo que se importa puede pertenecer a la categoría de insumo o producto. Para que no quede duda, se llama insumo o materia prima a todo aquello que incide en la elaboración de un bien. La materia prima, a su vez, puede ser tangible (tierra, mano de obra, capital) como puede ser, alternativa o concomitantemente, intangible (conocimientos, contactos, relaciones). El producto, por su parte, es lo que se genera a partir de la combinación y transformación de los insumos.

Usualmente cuando escuchamos los términos importar y exportar pensamos en el sistema económico de un país y cómo este intercambia comercialmente con otros países. Sin embargo, aquí, al decir sistema económico, no nos circunscribimos a un país, sino que nos referimos a cualquier unidad, ya sea a nivel de una persona, nación o corporación que tiene el reto de darle el mejor uso a determinada cartera de recursos y que, en virtud de encumbrarse en un punto óptimo de desarrollo, intercambia tanto energía como materia con otros sistemas.

> **El sistema más exitoso no es necesariamente el más grande, ni el que tiene más recursos, sino el que tiene sus partes mejor integradas en función de un objetivo central.**

Siendo energía la capacidad para hacer trabajo y la materia todo aquello que tiene masa y ocupa espacio, un sistema que busca intercambiar tales cosas con los demás sistemas que le rodean debe ser diligente tanto en ocupar y dejarse ocupar como en influenciar y dejarse influenciar. En términos empresariales esto es, simple y llanamente, ventas y mercadeo. En cierto sentido, el mercadeo es la energía y las ventas equivalen a la masa. Dicho eso, el sistema empresarial más exitoso no es necesariamente el más grande ni el que tiene más recursos, sino el que tiene sus partes más integradas en función de un objetivo central que es, contemporáneamente, universal.

Cabe señalar que integración no quiere decir total control. Algunos han hecho esa equivalencia y como consecuencia han puesto a sus sistemas en estado de convalecencia (véanse los casos de Venezuela, Cuba y la Unión de Repúblicas Socialistas Soviéticas). Contrario a esa mala interpretación, la integración sistémica en su justa dimensión toma lugar sobre la base de la libertad de asociación, coordinación y asignación de roles según el mérito, no el rango o apellido, de las personas que forman parte de una corporación. Entonces, considerando lo antedicho y tomando en cuenta que vivimos en una economía donde la información, no el oro ni la plata ni el petróleo, es la que predomina, debemos procurar desarrollar ideas que se puedan acoplar a sistemas abiertos que tengan como insumo principal el conocimiento.

> **Debemos procurar desarrollar ideas que se puedan acoplar a sistemas abiertos que tengan como insumo principal el conocimiento.**

Para hacer esto apropiadamente debemos conectarnos efectivamente a nivel interno y selectivamente a nivel externo ya que, de acuerdo a una de las reglas de oro del mercadeo y del óptimo desempeño, si no somos selectivos en lo que hacemos y con quién lo hacemos no abrazaremos a aquella celosa dama llamada éxito. Si lo abarcamos todo, la dama del éxito no querrá bailar con nosotros el tango del intercambio ya que, siendo ella sumamente selectiva y exigente, no anda con gente que a todo dice que sí y no sabe lo que quiere ni a quién se debe. Por ende, un sistema inteligente no dice que sí con la cabeza caliente. Por el contrario, sabe seleccionar intencionalmente y decir que no tajante y cortésmente ante todo aliciente que no se case con el mejor interés de la estructura en su totalidad e integridad moral y composicional.

A modo de conclusión y a tono con lo articulado en esta sección, hace poco escuché a un prominente empresario de mi país natal decir en un discurso que "la palabra NO, es la palabra del éxito". Y, aunque parezca chocante de entrada, en un sentido, ello es irrefutablemente cierto. La palabra "no", de hecho, es la que distingue y eleva a un sistema sobre otros sistemas. Lo que distinguió y elevó al pueblo judío, por ejemplo, fue un decálogo de leyes, siete de las cuales empiezan con un inequívoco "no" al inicio de su instrucción. Por tanto, integremos y lubriquemos las unidades de nuestro sistema a medida que definimos la función de cada una de ellas en correspondencia con la meta primordial que beneficiará a toda la colectividad. Sobre ese sólido fundamento tendremos criterio para decir que sí o que no en lo que atañe a lo que entra y lo que sale de nuestro sistema. Esto es, en cierto modo, como el ejercicio y la dieta. Si quieres un resultado predeterminado no le dirás que sí a todo lo que te ofrezcan. Dirás que no a

> **Si no somos selectivos en lo que hacemos y con quién lo hacemos no abrazaremos a la celosa dama llamada éxito.**

muchas cosas y sí a las pocas que, pasando como insumo por tu boca y siendo asimiladas por un cuerpo bien ejercitado, generarán extraordinarios resultados. Lo ordinario es decirle que sí a todo. Lo extraordinario es decirle que no a lo mucho que genera lo poco, y sí a lo que poco que genera lo mucho. Por tanto, rechaza lo muchísimo que genera lo poquísimo y opta por lo poquísimo que genera lo muchísimo.

Bien, ya lo leíste. Ahora escríbeme y dime que lo hiciste pues la dieta y el ejercicio no se hace solo leyendo recetas y rutinas. Una vez tenemos conocimiento de ellas, tales se hacen – así mismo – haciéndolas. Así que, después de terminado este capítulo, deja de leer por un momento y prosigue a emprender tu emprendimiento. Pero no olvides retornar a la lectura, pues la lectura es la que mantiene y mejora la estructura.

Determinando la causa del efecto

Definido lo que es un sistema, retomemos la pregunta que hicimos al inicio del capítulo: ¿Cómo hemos de preparar una idea para que pueda tener éxito en sistemas compuestos por una infinidad de factores que, dependiendo de cómo los abordemos, pueden constituirse en motores o detractores?

Para hacer esto debemos, primeramente, separar las variables de las constantes. Así, a través de la clasificación de factores, podremos diferenciar las causas de los efectos y de esa manera determinar cuál es el mejor curso a tomar para la idea materializar. Para ilustrar esto, consideremos la siguiente historia:

El periódico más importante de Las Olas, una ciudad playera, publica un artícu-

lo titulado "Aumento de muertes por ahogamiento en playas se relacionan con incremento en consumo de bebidas gaseosas". Al
leer ese titular la mayor parte de la población
local concluye que son las gaseosas como la
Coca-Cola que están causando las muertes
por ahogamiento en aquel paraje costeño. Sin
embargo, a media mañana, después de que el
periódico ha circulado por toda la ciudad, un
economista respetado es entrevistado en televisión y el periodista anfitrión le pregunta,
"¿Qué cree usted del reporte que relaciona a
las muertes por ahogamiento con el consumo de Coca-Cola?" "Que está 100% correcto",
responde el economista quien, seguido, aga-
rra una lata de Coca-Cola, sonríe a la cámara,
destapa con su índice y pulgar el recipiente y,
después de beberse todo el contenido, reto-
ma su actitud sonriente ante el público tele-
vidente.

Viendo esto, el periodista, estupefacto,
interpela al economista. "¿Cómo es que usted
concuerda con la relación entre consumo de
gaseosas y muertes por ahogamiento y, en un
mismo respiro, se toma una Coca-Cola frente
a todo el público de esta ciudad de Las Olas?".
"Bueno", contesta el economista que se llamaba Juan José Bautista, "es que si bien existe
una relación entre el consumo de Coca-Cola
y las muertes por ahogamiento en Las Olas
eso no quiere decir, mi estimado, que la Coca-Cola sea la que esté causando las muertes

por las cuales el pueblo está alarmado". "¿Y cuál es la causa entonces?, pregunta el periodista. El economista, por su lado, responde haciendo la pregunta, "¿No será el hecho de que estamos en temporada de verano?"

Con esa interrogante el economista apunta a la causa probable no solo de las muertes por ahogamiento, sino también del incremento en el consumo de gaseosas. Si esto es así, ¿Por qué concuerda el economista Bautista con el titular que puntualiza una relación entre las gaseosas y las muertes? Porque sí existe una relación, pero la misma no es causal, sino correlacional. En otras palabras, esto quiere decir, simplemente, que si el factor A se mueve hacia arriba cuando el factor B se mueve hacia arriba, el factor B no es necesariamente la causa de que el factor A también se mueva. Puede existir otro factor, C, que esté causando que tanto A y B se muevan, en este caso, en la misma dirección.

En la historia el factor B no es otra cosa que el consumo de gaseosas, el A son las muertes por ahogamiento y el C, las altas temperaturas que suelen manifestarse a la temporada de verano. Temperaturas que, en turno, causan un incremento tanto en el consumo de gaseosas como en la frecuencia con que la gente va a la playa a darse un chapuzón. Naturalmente, al aumentar el tráfico de gente a la playa, aumenta el número de muertes por ahogamiento. He ahí, entonces, la causa del efecto mortífero; en el incremento de las temperaturas y no en el incremento de las ventas de gaseosas ya que el incremento en consumo de Coca-Cola es, al igual que las muertes por ahogamiento, un efecto de la causa y no la causa en sí.

Esta habilidad de diferenciar entre correlación y causalidad es fundamental para sistematizar las ideas. Fallos en ese criterio pueden llevar a la toma de decisiones sub-óptimas. Consideremos nuevamente la historia antes formulada. Si el economista no hubiese aclarado el caso, quizás las autoridades de Las Olas hubiesen prohibido innecesariamente la venta y distribución de gaseosas. Lo mismo, a veces, sucede en nuestras vidas. Creemos que el problema lo está causando nuestra familia, nuestra ciudad o la situación política-económica de la actualidad. Creyendo eso cambiamos de familia, ciudad y gobierno, pero aquel problema sigue igual porque la causa no está afuera, sino dentro; en el sistema interno; en nuestro corazón y cerebro.

Tanto el problema como la solución están en el sistema

Es fácil caer en la trampa de juzgar según las manos que se encuentran en la masa. Sin embargo, para que el juicio que hagamos sea uno equilibrado, holístico y efectivo debemos considerar de dónde proviene la masa y quién instruyó a las manos en el arte de amasar la masa. Aquí, la masa representa el elemento físico que sale de un sistema. Las manos, por su parte, hacen las veces del que entrega o procesa dicho elemento.

Dado el hecho de que las manos y la masa son los factores más visibles en el proceso de producción, cuando algo sale mal culpamos al que tiene las manos en la masa. Mas, la realidad es que la culpa original no recae exclusivamente sobre las manos ni tampoco sobre la masa, sino también sobre los que diseñaron y lideran la estructura dentro de la cual laboran las manos y se fabrica la masa.

Ahora bien, no es necesariamente erróneo aprovechar el hecho de encontrar a alguien con las manos en la masa para poner de relieve un problema que sirva de lección para el mejoramiento de toda la organización. Eso es precisamente lo que hace Jesucristo cuando comenta el mandamiento "No cometerás adulterio". Él dice que si bien el mandamiento establece que no hemos de cometer adulterio es preciso ir más lejos. Por tanto, haciendo uso de su autoridad, el maestro establece que comete adulterio en su corazón todo aquel que tan siquiera "mira a una mujer para codiciarla". Aquí la mano es el ojo y la masa, la mujer. Tomando eso en cuenta Cristo dice, a modo de hipérbole, "Por tanto, si tu ojo derecho te es ocasión de caer, sácalo y échalo de ti. Porque es mejor para ti que se pierda uno de tus miembros y no que todo tu cuerpo sea echado en el infierno".

Al decir esto, como bien lo establece el teólogo, pastor y maestro estadounidense John MacArthur en uno de sus comentarios, Jesucristo no estaba abogando a favor de la auto-mutilación. Tal cosa, de hecho, no eliminaría la lujuria de nuestras vidas ya que la misma, como todos los demás pecados, se origina no en los ojos, ni en la boca, ni en las manos, ni en los pies, sino en la mente

> **La solución es depurar el software (ideas) que utilizas para operar tu sistema (vida) con el objeto de eliminar todo virus que esté adulterando tu criterio en torno a lo que es bueno y lo que no lo es.**

y el corazón. Jesús, por tanto, utiliza la expresión hiperbólica para subrayar la gravedad del pecado. Siendo eso así, cuando el maestro dice, referente al ojo que codicia, "sácalo y échalo de ti", lo que quiere decir es que el pecado es algo tan peligroso que debe ser eliminado de nuestras vidas de manera drástica, tajante y determinante.

De esa misma manera debe proceder un líder y gerente respecto a los errores que se cometen dentro de un sistema. Debe lidiar con ellos de manera severa para que el problema no se expanda al resto del sistema. Sin embargo, la solución al problema no es obligatoriamente cancelar a un empleado ni terminar una relación ni mudarte a otra nación ni cercenarte un pie ni amputarte un brazo. La solución es, más bien, depurar el software que utilizas para operar tu sistema con el objeto de eliminar todo virus que esté adulterando tu criterio en torno a lo que es bueno y lo que no lo es.

Acuérdate, la solución efectiva de los problemas se aplica a nivel de la fuente, no del producto que sale de la fuente. Pongamos como ejemplo un error ortográfico. Lo detectas en el papel impreso, buscas el famoso "liquid-paper" o corrector, le pasas la brocha al error y, una vez seca la pintura del corrector, haces la corrección escribiendo con bolígrafo sobre el error que cubriste con el corrector. En el papel impreso el problema está solucionado. Sin embargo, el problema sigue presente en el documento digital y cuando vuelvas a imprimir el particular el escrito saldrá con el error ortográfico que le roba fuerza y elegancia a tu contenido de sustancia.

> **Dios no descansó porque estaba cansado, sino porque estaba satisfecho con la obra de sus manos.**

En lo que respecta al sistema de conducta humana cualquier error debe corregirse a nivel mental y espiritual. Lamentablemente nuestro enfoque primordial tiende a estar en lo material. En esa dimensión no se corrigen los errores. Claro, se puedan tapar con apariencias. Mas, si no se trabaja con la esencia, el error en cualquier momento se manifiesta.

El descanso como hábito para mejorar el sistema

Todos y cada uno de nosotros necesitamos descansar para poder trabajar. Tan importante es el particular, que, si no descansamos apropiadamente, por más que queramos, no podremos desempeñarnos excelentemente. Con el propósito de insertar este elemento neurálgico en el proceso de definición y ejecución de ideas, el segundo factor del sexto y último dúo conceptual de CLARAS^2 se denomina shabbat. Shabbat como tal es la palabra hebrea para descanso. Tomé esa palabra prestada del hebreo por el hecho de que es el término que se utiliza para referirse al descanso que tomó Dios después de culminado el trabajo de la creación. Este concepto de descanso se diferencia del que estamos acostumbrados en el sentido que Dios no descansó porque estaba cansado, sino porque estaba satisfecho con la obra de sus manos.

Es importante mencionar que de acuerdo al dogma judeo-cristiano, en el principio solo Dios descansó. Al hombre no se le ordenó descansar ya que él no tenía razón para descansar pues no tenía que trabajar. Más aún, dada su condición de perfección sus fuerzas no se desgastaban y, por tanto, no había necesidad de recuperarlas. No fue sino hasta que el hombre pecó que Dios lo echó del Edén y le dijo "Te ganarás el pan con el sudor de tu frente, hasta que vuelvas a la misma tierra de la cual fuiste sacado. Porque polvo eres, y al polvo volverás". Es ahí donde surge la necesidad de descansar por causa del cansancio.

Shabbat, a la luz de CLARAS^2, se refiere al ideal de descanso que experimentó Dios el séptimo día de la creación. Lejos de presumir que nosotros, como simples mortales, podemos experimentar ese tipo de descanso en toda su plenitud, lo que pretendo con la introducción de este concepto es crear conciencia de la necesidad que tenemos de descansar con el objeto expreso de mejorar y no meramente con el propósito de recuperar fuerzas físicas para, después del sueño, reanudar la actividad sin necesariamente mejorar la productividad a la hora de laborar.

Para ilustrar esta noción consideremos la siguiente historia:

> Érase una vez dos hombres que se dedicaban a la tala de árboles. Un buen día, ambos se levantaron a las cuatro de la mañana para alistarse para una competencia de tala de árboles que empezaba a las seis. Llegada la hora, ambos arrancaron a la tala. Cada uno tenía un hacha del mismo espesor e iban cubriendo territorios con la misma cantidad y tipo de árboles de modo que el terreno de juego estaba nivelado. Los hombres competían en igualdad de condiciones. Uno procedió en dirección este mientras que el otro se dirigió hacia el oeste. El que estaba talando en oriente, llamado Jorge Vicente del Pulgar, trabajaba sin parar. El hombre talaba, talaba, talaba y no paraba. El de occidente, por su lado, talaba y talaba en intervalos de 45 minutos. Entre cada uno de esos intervalos, el talador de occidente quien se llamaba Armando Paz Clemente, descansaba 15 minutos. Al talador de oriente percatarse del descanso del de occidente redobló sus esfuerzos en la dinámica de talar, talar y no parar. Entonces uno por un lado talaba, talaba y no paraba

mientras el otro talaba, talaba y descansaba. Así siguieron, pero, como todo se acaba,
a las doce del mediodía cesaron sus respec-
tivas jornadas. Los jueces de la competición
sacaron inventario de los árboles tumbados
por cada varón y sucede que aquel que talaba, talaba, talaba y descansaba, taló el triple
de lo que taló aquel que talaba, talaba, talaba y no paraba. Al ver esto, aquel que talaba, talaba, talaba y no paraba, le preguntó
al que talaba, talaba, talaba y descansaba,
"Oye, ¿cómo es que tú talaste el triple de lo
que yo talé, si yo talaba, talaba, talaba y no
paraba mientras tú talabas, talabas, talabas
y descansabas?" Ante la interrogante el que
talaba, talaba, talaba y descansaba le dijo al
que talaba, talaba, talaba y no paraba que la
clave estaba en que mientras él descansaba
afilaba su hacha para mejorar la tala.

De eso, nada más y nada menos, se trata el factor
shabbat; de descansar para afilar el hacha y mejorar la
tala. Y ese, de hecho, es el hábito que todo profesional
debe desarrollar para aplicar CLARAS^2 sosteniblemente y
de manera integral. Que quede claro, sin el descanso del
tipo shabbat, de ese que se utiliza para elevar, mejorar y
santificar, no del que se utiliza para el tiempo gastar, de
otros chismear y recursos despilfarrar, es imposible implementar cada dúo conceptual de manera sostenible.

Dicho esto, este sexto y último dúo conceptual sistematicidad-shabbat viene a ser, a su vez, la espina dorsal
o eje transversal de la metodología CLARAS^2 como tal.
Pues, como ya mencionamos, la aplicación integral de los

primeros cinco dúos conceptuales toma lugar solo sobre la base de un estructura sistémica que goce de espacios donde los que operan en ella puedan descansar para "el hacha afilar". Y estos espacios no son otra cosa que oportunidades para investigar, pensar, socializar y desarrollar innovaciones que, en efecto, mejoren la calidad de vida tanto del individuo como del colectivo. De hecho, dada su naturaleza integral, tales espacios nos permiten, en el espíritu de CLARAS^2, ser tanto creativos como concretos al tiempo que perseguimos ideas que no sean solo loables, sino que, gracias a la buena administración de los recursos, sean también logrables. Pero no solo eso. El sistema que genera estos espacios nos empodera a llevar la idea a su estado accionable y asociable de modo que sea rentable y reproducible en tiempo prudente según responde a una necesidad actual al tiempo que se apalanca en una serie de principios de carácter atemporal. Esto porque se construyen sobre la base de un fundamento que unifica a cada una de las partes individuales en un todo que supera la suma de las partes y, en última instancia, se traduce en éxito balanceado sobre la roca base de IDEAS CLARAS^2.

De esa manera doy cierre a este capítulo, reiterando que si no hacemos del pensamiento sistémico y el descanso intencional una parte intrínseca de nuestro programa de crecimiento integral no podremos mejorar la calidad total y el impacto trascendental de los bienes y servicios que aportamos a nuestra sociedad. De modo que ahora a descansar, a pensar, a investigar, a depurar, a implementar y a trabajar a todo dar. Esto con el propósito de alcanzar nuestro máximo potencial para la gloria de nuestro Creador y beneficio de la humanidad.

CONCLUSIÓN:

MEJOR QUE EN EL INICIO

*Arribando al destino con
la frente en alto,
sintetizando decisiones,
ejecutando las acciones
y mejorando las situaciones.*

En el mercado existen innumerables sistemas que prometen guiar al ser humano hacia un mejor estado de bienestar en sentido general. Por su parte, el sistema $(CLARAS)^2$ se diferencia de los demás por su estructura dual e integral que le permite al individuo abordar la multidimensionalidad del ejercicio empresarial y existencial trabajando tanto el aspecto técnico y estratégico, así como el moral y el ético. De esa manera $(CLARAS)^2$, cumpliendo con su objetivo de balancear y sostener, busca ayudar al profesional, al emprendedor y al empresario a alcanzar el éxito triádico en los ámbitos del ser, del hacer y del tener.

A pesar de la importancia de desarrollar de forma concomitante y equilibrada estos tres aspectos que comprenden el amplio espectro existencial del ser humano integral, en la práctica la mayoría se empeña en sobresalir preeminentemente en el ámbito material. De hecho, buscamos el particular como fin a toda costa; aún a costa de la integridad personal y del bienestar tanto de terceros como de personas a las cuales decimos amar. A veces hacemos esto con el pretexto de que más adelante cuando tengamos en nuestro haber suficiente riqueza material vamos a enmendar lo indebido que hayamos hecho para poder llegar hasta a tal o cual sitial.

La verdad es que cuando pensamos de esa manera desconocemos la ley de siembra y cosecha; perdemos de vista el hecho de que el fruto es el efecto y la semilla, la causa. Consecuentemente, el efecto no se puede alterar de modo que se desempeñe contrario a la naturaleza de la causa que lo provocó. Dicho de otra forma, el efecto se determina en la causa, no en el efecto. Es decir, que una vez revuelto el huevo la clara y la yema no se separan de nuevo. Para ello, de hecho, se necesitaría un huevo totalmente nuevo.

Por consiguiente, considerando nuestra naturaleza imperfecta, es necesario, si se quiere, nacer de nuevo. No de acuerdo a la carne que se deleita en la envidia, la codicia, la ambición y es propensa a la claudicación. Sino más bien de acuerdo a una nueva naturaleza que crucifique a la vieja permitiendo así que se materialice una realidad ocasionada por una causa concreta y creativa; loable y lograble; accionable y asociable; rentable y reproducible; actual y atemporal. Una causa que pueda ser cultivada de manera sostenible y sistemática; una que nos permita trabajar de acuerdo a nuestro diseño y que a la vez nos provea de tiempo y espacio para descansar y nuestras fuerzas renovar de modo tal que podamos alcanzar de manera equilibrada nuestro máximo potencial.

Este tipo de causas, como es evidente para todo aquel que estudia este libro, son causas (CLARAS)^2 que se asumen a partir de ideas igualmente claras. Siendo las causas y las ideas las semillas para la creación y gestión de la visión que albergas en tu mente y corazón, y siendo tu mente y corazón los depósitos de las ideas y causas en cuestión, es preciso que los abras y los ares para que las causas e ideas puedan germinar y dar fruto al treinta, al sesenta y al ciento por uno para bendición de muchos.

Sin dudas, abrir y arar tu mente y corazón conlleva riego y causa dolor. Esto debido al rompimiento que tendrás que hacer con aquello que quizás te hace sentir cómodo, pero te cohíbe de crecer y de emprender como debe ser. A pesar del riesgo y el dolor que pueda causar el rompimiento y el desprendimiento es preciso que lo lleves a efecto ya que si no te separas de aquello que te mantiene al margen de tu propósito y el rendimiento óptimo, por más buenas que sean las semillas que siembres y por más nobles que sean las causas que asumas, no verás un resultado equilibrado y perdurable materializarse.

Para que se materialicen los frutos es necesario que primero limpies el terreno de lo que palpita debajo de tu pecho bravo a medida que cultivas la capacidad de raciocinio que tienes entre los oídos y persigues el sueño que te mantiene vivo utilizando cada uno de tus respiros para hacer realidad lo que en tu mente ya es una verdad.

Aquello con lo que debes romper es tal vez un mal hábito o una mala influencia; o la tendencia a seguir el camino de menos resistencia y enfocarte más en la apariencia que en la esencia. Sea lo que sea, cercénale la cabeza.

Cercenar la cabeza. Esa es una exhortación radical, lo sé. Cabe decir que la hago manera figurativa, no literal. Uso esta ilustración nada más y nada menos para causar en ti una impresión que encienda tu mente para la acción y te encauce en el camino que provoca el cambio con transformación de lo bueno a lo mejor.

Conjugando decisiones

Tomando en cuenta que los resultados no se pueden cambiar una vez se materializan; y considerando, igualmente, que la naturaleza del fruto es según la semilla, las decisiones, como dice Juan Luis Guerra en una canción, se toman juntas. En otras palabras, si yo decido ser astronauta debo decidir, en un mismo respiro, hacer todos los sacrificios que conlleva esa profesión. Análogamente, si yo decido casarme debo decidir ser fiel, responsable, atento, cariñoso y misericordioso al momento de tomar la decisión de perseguir la unión matrimonial con fulana de tal.

Similarmente, si yo decido ser emprendedor debo decidir, al mismo tiempo, ser organizado, arrojado, apasionado, disciplinado, persistente, resoluto, optimista, valiente, vanguardista, innovador, social, creativo, estudioso, líder, amigo y servidor. Si no tomo esas decisiones de manera conjunta, entonces corro el triste riesgo de echar a perder mis esfuerzos. ¿O no es acaso triste el divorcio o el fracaso de un negocio no por falta de amor o de clientela, sino por falta de organización y persistencia? Y dedo decir que los que se divorcian y se van a la quiebra bajo el pretexto de "falta de amor y apoyo" mienten. La verdad es que se divorcian y se declaran en bancarrota por egoísmo, cobardía y falta de compromiso. Pues donde no hay abnegación, valentía, resolución, organización e innovación no se materializa el amor ni se agrega valor. Estas cosas son como la tierra, el aire, el agua, el sol y la semilla. Sin los cuatro primeros elementos actuando de manera integrada y coordinada, el quinto no fructifica. Por eso las decisiones se toman juntas. De lo contrario lo que se decide hacer, si bien puede tener cierto grado de éxito en el corto y mediano plazo, en el largo plazo terminará en fracaso.

Esto de "tomar las decisiones juntas" puede parecer algo difícil de llevar a cabo. Y, de hecho, en muchas ocasiones lo es pues el ser humano es imperfecto y a la hora de tomar una decisión no considera todas las variables que inciden en la dinámica empresarial, relacional, social, política y/o espiritual en la cual está involucrándose.

Cuando una pareja se enamora, por ejemplo, se deja llevar primordialmente por la atracción que el uno siente por el otro. Sin embargo, la pega que une a la pareja de manera indisoluble es la del amor que va más allá de la pasión. Me refiero al adhesivo del compromiso, del sacrificio, del perdón y la del servicio independientemente del estado de ánimo, culpabilidad o inocencia de las personas que conforman la relación.

Por tanto, dada la complejidad que constituye la vida en sentido general, el sistema (CLARAS)^2 fue diseñado para que, a través de su estructura conceptual, puedas dotarte de la capacidad de sintetizar los diferentes aspectos que comprenden la realización de proyectos de modo que puedas tomar decisiones de manera conjunta y no de forma fraccionada.

Conéctate con la visión desde el inicio

Como ya explicamos unos párrafos más arriba, cuando tomamos decisiones de manera fraccionada es altamente probable que las mismas no estén alineadas con la visión general que nos motivó en el inicio a formar el equipo, a hacernos amigos, a emprender vuelo hacia nuevos destinos, a rescatar lo que se había perdido, a llevar a cabo el sacrificio, a dedicarnos día a día en el oficio de hacer material el propósito prístino para el cual nos creó el Creador en el principio.

Entonces, estar conectado con la visión a través del desarrollo de la gestión es algo de suprema importancia. Considera la imagen de la portada de este libro. La misma comprende un rostro de perfil conformado por cuatro piezas de rompecabezas. Las piezas conectadas, como bien podemos observar, forman una imagen considerablemente definida. Sin embargo, al iniciar un proyecto las piezas que conformarían el resultado que queremos lograr no están conectadas como se ilustra en la portada. Por el contrario, están separadas. Más aún, no están todas en el mismo lugar, hay que aglutinarlas y una vez aglutinadas no están agrupadas según su clase, hay que clasificarlas. Esta tarea se hace más llevadera cuando desde el inicio del proyecto tenemos a la mano una visión general; un visual de las piezas conectadas; un visual que proyecte una imagen lo suficientemente clara según la esencia de la visión que se alberga en la mente y el corazón del líder/gestor/emprendedor. (CLARAS)^2 puede ser ese visual fundamental a partir del cual desarrollas una imagen en correspondencia con las particularidades de tu empresa; una imagen que te permita "tomar decisiones juntas" para que una vez empieces no te quedes rezagado en el camino, sino que llegues con buen nombre a destinos que a su vez originen nuevos y mejores caminos.

Una multitud de casos documentados demuestran que sin ese tipo de visual en nuestro haber se hace mucho más difícil emprender. Sin una carta de ruta cometemos errores innecesarios y, lo que es probablemente peor, no aprendemos de ellos de modo que los repetimos de nuevo. Sin una estructura organizacional y desprovistos de las herramientas de análisis que vienen emparejadas con dicha estructura, perdemos de vista oportunidades mientras le prestamos atención a elementos de distracción a expensas de escuchar y responder a la señal que nos indica el mejor camino hacia el destino final de éxito integral.

Las cuatro piezas de rompecabezas que conforman la cabeza que se encuentra en la portada de esta obra literaria

representan los cuatro elementos que mencioné anteriormente. Los elementos de tierra, agua, aire y luz necesarios
para que la semilla germine y logre su plenitud. Esa semilla
eres tú, tu talento, tu llamado, tus esfuerzos acumulados. Esa
semilla es no tanto tu pasado, sino, más bien, tu presente y tu
futuro el cual puede dar muy buenos y abundantes frutos si
conectas los cuatro elementos a tu poder interno de liderar y
generar valor bien-administrando los recursos que tienes a
tu disposición.

Y hasta aquí llegan las líneas de este texto y prosigues tú,
querido amigo lector. Prosigues tú en el proceso de mejoramiento continuo que constituye el corazón del sistema que
has estudiado en este libro; prosigues tú llevando tus ideas a
la acción y a la monetización más allá de la mera contempla-
ción; prosigues tú forjando el carácter de líder-servidor motivado por el amor al prójimo y por crear para todos un futuro próspero; prosigues tú integrando las partes individuales
en un todo que optimice el desarrollo colectivo y no solo del
individuo; proseguimos, sobretodo, reconociendo al Señor
todopoderoso sin el cual todo es nada y con el cual nada es
mucho más que todo. En fin, proseguimos nosotros, todos los
comprometidos con el desarrollo íntegro; proseguimos en la
noble tarea de vivir con ideas claras, de trabajar hoy para un
mejor mañana y hacer lo mismo mañana hasta que nuestra
alma sea llamada a estar en la presencia del que transforma
la más voraz tempestad en calma; en aquella singular calma
que sobrepasa todo entendimiento y nos embarca en el más
trascendental de los emprendimientos; el de llegar en buena
lid al cielo; al final, cuando acá abajo todo esté hecho. Allá
nos recibirá el Padre nuestro para decirnos, por la gracia de
su hijo, "bien hecho mi buen y fiel siervo; entra ahora en el
descanso eterno".

Fuentes

Acemoglu, Daron, and James A. Robinson. Por qué fracasan los países: los orígenes del poder, la prosperidad y la pobreza. Profile Books, 2013.

Berlin, Isaiah, et al. El zorro y el erizo: un ensayo sobre la visión de Tolstoy en torno a la historia. Weidenfeld & Nicolson, 2014.

Carnegie, Dale. Cómo hablar bien en público e influir en los hombres de negocios. Elipse, 2013.

Deming, W. Edwards. Saliendo de la crisis. Massachusetts Institute of Technology, Center for Advanced Engineering Study, 2000.

Godin, Seth. El marketing del permiso: cómo convertir a los desconocidos en amigos y a los amigos en clientes. Granica, 2001.

Koch, Richard. El principio 80/20: el secreto de lograr más con menos. Paidós, 2009.

Lewis, C. S., and Fernández-Muro Verónica. Mero cristianismo. Rayo, 2006.

MacArthur, John. Bilbia de estudio. Thomas Nelson, 2013.

Ohno, Taiichi. El sistema se producción Toyota: Más allá se la producción a gran escala. Routledge, 2018.

Rousseau, Jean-Jacques. El contrato social. Libsa, 2018.

Smith, Adam. La riqueza de las naciones. Dent, 1981.